安徽省 2022 年高校学科（专业）拔尖人才学术资助项目（gxbjZD2022163）

积极心理学视域下
大学生心理健康教育
教学模式实践与创新

胡阳秀　潘　淳　◎著

东南大学出版社
SOUTHEAST UNIVERSITY PRESS
·南京·

图书在版编目（CIP）数据

积极心理学视域下大学生心理健康教育教学模式实践与创新 / 胡阳秀，潘淳著． -- 南京：东南大学出版社，2025.5. -- ISBN 978-7-5766-1913-3

Ⅰ．G444

中国国家版本馆CIP数据核字第2025SN4828号

责任编辑：丁志星　责任校对：子雪莲　封面设计：冀贵收　责任印制：周荣虎

积极心理学视域下大学生心理健康教育教学模式实践与创新
Jijixinlixue Shiyu xia Daxuesheng Xinli Jiankang Jiaoyu Jiaoxue Moshi Shijian yu Chuangxin

著　　者：	胡阳秀　潘淳
出版发行：	东南大学出版社
出 版 人：	白云飞
社　　址：	南京四牌楼2号　邮编：210096
网　　址：	http://www.seupress.com
经　　销：	全国各地新华书店
印　　刷：	河北赛文印刷有限公司
开　　本：	700 mm × 1000 mm　1/16
印　　张：	13
字　　数：	250千字
版　　次：	2025年5月第1版
印　　次：	2025年5月第1次印刷
书　　号：	ISBN 978-7-5766-1913-3
定　　价：	68.00元

东大版图书若有印装质量问题，请直接与营销中心联系。电话（传真）：025-83791830

前 言

积极心理学是近年来兴起的一种新兴心理学，关注人类的积极品质和力量，通过科学的方法和手段研究人类的幸福感和满足感。在积极心理学视域下，大学生心理健康教育教学的内涵发生了变化，不再仅仅关注大学生的心理问题和心理疾病，而是更加注重培养大学生的积极品质和力量，提高大学生的幸福感和心理健康水平。

积极心理学认为，积极的课堂氛围能够激发学生的积极情绪，增强学生的学习动力和自信心。因此，在大学生心理健康教育中，教师应注重营造积极的课堂氛围，关注学生的情感需求，尊重学生的个体差异，鼓励学生积极参与课堂活动。积极心理学还认为，积极的心态能够增强个体的心理韧性，提高个体的应对能力和适应能力。在大学生心理健康教育中，教师应注重培养学生的积极心态，引导学生树立正确的人生观和价值观，增强学生的自信心和自尊心，提高学生的自我认知能力和自我管理能力。

在当今社会，大学生的心理健康问题日益受到关注。积极心理学强调积极、乐观、向上的心态，对大学生心理健康教育具有重要意义。

积极心理学视域下的大学生心理健康教育能够提高大学生的幸福感。积极心理学认为，幸福感是一种积极的心理状态，它来自个体的内心体验和感受。通过心理健康教育，可以帮助大学生树立正确的人生观和价值观，提高他们的幸福感。大学生心理健康教育教学能够增强大学生的心理素质：心理健康教育教学的目的不仅是解决学生的心理问题，更重要的是帮助学生培养积极的心态，增强他们的心理素质。大学生心理健康教育教学能够促进大学生的全面发展：

心理健康教育不仅是大学生个人成长的重要环节，也可以帮助大学生增强自我认知能力和自我管理技能，促进他们的全面发展。

鉴于此，本书围绕"积极心理学视域下大学生心理健康教育教学模式"这一主题，由浅入深地阐述了积极心理学的内涵特征、大学生心理发展的特点，系统地论述了积极心理学视域下大学生心理健康教育的内容与策略、积极心理学视域下心理健康教育课设计原理，深入探究了积极心理学视域下心理健康教育课程设计与教法实践、常见教学模式、教学模式创新等。本书内容翔实、逻辑合理、条理清晰，适合从事大学生心理健康教育的专业人士使用。

目 录

第一章 积极心理学与大学生心理健康综述……………………… 01
    第一节 积极心理学的内涵与特征 ……………………………… 01
    第二节 大学生心理发展各阶段的特点 ………………………… 03
    第三节 积极心理学视域下大学生心理健康的维护 …………… 10

第二章 积极心理学视域下大学生健全人格培养与自我意识塑造… 18
    第一节 积极心理学视域下大学生健全人格培养 ……………… 18
    第二节 积极心理学视域下大学生自我意识塑造 ……………… 32

第三章 积极心理学视域下大学生的时间管理与情绪管理……… 40
    第一节 积极心理学视域下大学生的时间管理 ………………… 40
    第二节 积极心理学视域下大学生的情绪管理 ………………… 51

第四章 积极心理学视域下大学生的高效率学习………………… 62
    第一节 积极心理学视域下大学生学习能力的培养 …………… 62
    第二节 积极心理学视域下发挥学习潜能,掌握创造性学习策略 … 69

第五章 积极心理学视域下大学生生活幸福感…………………… 76
    第一节 大学生生活幸福感概述 ………………………………… 76
    第二节 积极心理学视域下大学生生活幸福感提升 …………… 87

第六章 积极心理学视域下大学生心理健康教育内容与策略…… 100
    第一节 积极心理学视域下大学生心理健康教育的内涵与原则 … 100
    第二节 构建积极心理学视域下的大学生心理健康教育内容 … 103
    第三节 积极心理学视域下大学生心理健康教育的策略 ……… 108

第七章 积极心理学视域下大学生心理健康教育课设计原理 …… 118
第一节 大学生心理健康教育课概述 …… 118
第二节 大学生心理健康教育课设计架构 …… 125
第三节 大学生心理健康教育课活动流程与体验设计 …… 131

第八章 积极心理学视域下大学生心理健康教育课程设计与教法实践 …… 137
第一节 情绪智力辅导课程设计与教法 …… 137
第二节 学习心理辅导课程设计与教法 …… 144
第三节 积极心理品质课程设计与教法 …… 151
第四节 生命辅导课程设计与教法 …… 155

第九章 积极心理学视域下大学生心理健康教育课的常见教学模式 …… 161
第一节 心理剧团体辅导 …… 161
第二节 理性情绪行为团体辅导 …… 165
第三节 焦点解决团体辅导 …… 168
第四节 非指导团体辅导 …… 172

第十章 积极心理学视域下大学生心理健康教育课堂教学模式创新 …… 176
第一节 大学生心理健康教育线上线下混合教学模式 …… 176
第二节 大学生心理健康教育翻转课堂教学模式 …… 182
第三节 大学生心理健康教育沉浸式混合教学模式 …… 185
第四节 大学生心理健康教育主体性教学模式 …… 188
第五节 大学生心理健康教育慕课教学模式 …… 193

结语 …… 197

参考文献 …… 199

第一章

积极心理学与大学生心理健康综述

第一节 积极心理学的内涵与特征

一、积极心理学的内涵

积极心理学是人本主义心理学的产物和衍生。积极心理学诞生于20世纪末期,由美国心理学家塞利格曼(Seligman)提出并倡导,是一门关心人的优秀心理品质的学科。积极心理学希望个体能够摆脱对消极面的过分关注,转向关注人的积极面,其根本目的是促进人类的幸福、促进社会的繁荣。

积极心理学的主要观点表现在三个方面:一是实现心理学的价值平衡,积极心理学强调关注个体积极的方面,这与前期的心理学研究集中于消极心理的研究内容相平衡;二是强调每个人的积极力量,积极心理学关注那些已经转化的潜在积极力量,这些积极力量在人类的进化中形成了一种"积极模式"来应对人类的发展;三是关注人类的积极力量,也可以关注人类的优秀品质。

总体来说,积极心理学是让人摆正心态,感受更多幸福的一种新思潮。单看"积极"一词,会很容易让人认为是某种客观的、绝对的积极状态。其实积极心理学中"积极"的意义是相对的,它不是一个固定的结果或最后的结局,而是一个行为过程,包括过程的体验。那些具有积极观念的人具有更高的社会道德和适应能力,可以轻松地面对生活中的压力、逆境和失去。

积极心理学是当代心理学中一个重要分支，它以研究人类的积极品质和力量为出发点，关注人类的健康、幸福和发展，为人类的美好生活提供科学依据。积极心理学的研究范围非常广，包括积极情感、积极人格、积极社会制度和组织等方面。

积极心理学的研究对象是正常人群，它强调人的内在积极力量和潜力，认为每个人都具有自我成长和发展的能力，只要给予适当的支持和激励，人就能够实现自我发展和超越。因此，积极心理学的研究目的在于帮助人们更好地认识自己、发展自己、实现自己，提高个体的生活质量和幸福感。

二、积极心理学的特征

随着社会的发展，人们对于心理健康的重视程度越来越高。积极心理学作为一门新兴的学科，以其独特的视角和方法，为我们提供了许多有益的启示。下面将从四个方面探讨积极心理学的特征。

（一）强调积极的主观体验

积极心理学认为，幸福、满足、快乐、欣慰等积极的主观体验是人类发展的基础，是心理健康的重要标志。因此，积极心理学主张以积极的眼光看待生活和世界，注重发现和培养个体的积极品质和潜力，同时注重对个体进行积极的干预和影响，以增强个体的主观幸福感和满足感。

（二）重视积极的人格特质

积极心理学认为，人格特质是决定个体心理健康和行为表现的关键因素。因此，积极心理学重视积极的人格特质的培养和发展。它强调个体应该具备一些积极的品质，如勇气、乐观、宽容、爱、智慧等，这些品质能够促进个体的自我实现和发展。同时，积极心理学也强调个体应该具备一些积极的应对方式，如自我调节、自我激励等，这些应对方式能够帮助个体更好地应对生活中的挑战和困难。

（三）倡导积极的组织制度和环境

积极心理学认为，组织制度和环境对个体的心理健康和行为表现有着重要的影响。因此，积极心理学倡导积极的组织制度和环境，以促进个体的积极发展和成长。它强调组织制度应该注重对个体的人文关怀和尊重，应该营造一个积极向上、和谐友善的工作环境和生活环境。

（四）注重实证研究

积极心理学是一门新兴学科，它注重实证研究，以科学的方法来验证其理论和方法的有效性和可靠性。通过实证研究，积极心理学能够为心理健康领域的发展提供有力的支持和证据。同时，实证研究也能够为个体提供更加科学的心理健康指导和精准的干预措施。

总之，积极心理学强调积极的主观体验，重视积极的人格特质，倡导积极的组织制度和环境，并注重实证研究。这些特征为心理健康领域的发展提供了新的思路和方法，同时也为个体提供了更加科学的心理健康指导和精准的干预措施。

第二节 大学生心理发展各阶段的特点

一、大学生心理发展的特点

（一）认知思维发展的特点

美国心理学家威廉·佩里（William Perry）对哈佛大学将要毕业的大四学生做过访谈，问他们在过去几年中"最难忘的事情是什么"。结果发现，因为在大学生活中承担了复杂而接近成年人的角色，所以他们的认知观点有很大变化。总体而言，相较于青少年初期，大学生思维的广度和深度都有所提高，且更加系统、抽象、多维，具备了思维的独立性和批判性。但绝大多数大学生的抽象思维水平没有达到完全成熟的地步，主要表现为思维品质发展不平衡，思维的广阔性、深刻性和敏感性发展缓慢。具体而言，低年级大学生的认知反映出二元论思维倾向，即把信息、价值观、权威分成对与错、好与坏、我们与他们的思维方式。例如，有的大学生说："我上第一门课时，把老师的话奉为圭臬。我相信他所说的一切，因为他是教授。"某大二学生被问及："如果两个人对一首诗的解释有异议，你如何判定谁是对的？"其答道："这得问诗人，因为这是他的诗。"

相比较而言，高年级大学生的认知呈现出相对论思维倾向，思维更加灵活而宽容，即认为所有知识都处于特定的思维框架中，同一个问题可能有不同的看法，真理是多元化的，不存在绝对真理，每个真理都是相对于它所处的情境而言的。例如，某位大四学生说："很多哲学家的思想值得钦佩，但这些思想只属于哲学家本人。你可以崇拜他们的伟大思想，但也并不意味着这些思想就全部是绝对真理。"

思维成熟的人形成的是自觉的相对论思维，即不是在互相对立的观点之间做出选择，而是把互相矛盾的观点加以整合，形成一个更圆满的观点。他们在解决现实、模糊的问题时，能够拿出自己的解决办法，在这个过程中，其认知能力也随之发展。为解决问题而进行的交流也会促使他们反思自己的观点，对不同的观点做出评价，对不同的观点加以协调，得出新的、更有效的办法。当然，很少有大学生能达到自觉的相对论思维高度，而达到这种高度的人会采用一种更加成熟的学习方式，他们会积极寻找不同的观点来补充知识，加深理解，继而提高自身的知识水平。

（二）情绪情感发展的特点

随着对大学生活的适应，大学生的社会性需求日益增多，通过参与丰富多彩的校园生活，大学生的社会性情感得到了充分的发展。例如，道德感的发展体现为产生了社会使命感、责任感和义务感；理智感的发展体现为对知识的渴望、对真理的追求、对所学专业的热爱，并能从中体会到充实感和乐趣；美感的发展体现为审美能力的提高、审美体验的深刻、审美观念的完善等，懂得了美与丑、善与恶的区别，知晓了形式美和内在美的统一。

在大学阶段，大学生渴望与人建立起情感上的亲密关系。当然，他们最关注的是恋爱关系，期望找到伴侣，与之建立情感，并长期维持下去。在选择伴侣时，大学生常会选择与自己在各方面都相似的人，如态度、人格、受教育经历、智力，甚至身高、外貌。相爱的伴侣有时是互补的：一方擅长交往，另一方矜持内敛；一方充满好奇，性格外向，另一方严谨细腻，性格内向。如果这些差异能使双方满足个人的喜好，那么这种差异就可以衍生出相容性。但总体来说，很少有证据支持"差异互补"的观点。相反，很多研究证实，伴侣之间越相似，他们对彼此的关系就越满意，两人的关系也越有可能长久。

当然，除了恋爱关系，大学生也需要其他亲密关系，如朋友关系。朋友是可以分享个人内心世界的重要他人。大学期间的朋友通过相互肯定和接纳来增强自尊，并在面对压力时相互给予支持。在大学期间，除了同性朋友关系，异性朋友关系也很普遍。通过异性朋友关系，大学生可以改善自己与伴侣的关系，增强自尊，并对男性和女性的交往有更多的了解。而且女性常常认为，男性朋友能对问题和形势提出更多、更客观的意见。

大学生也会面临孤独。孤独感是一个人现有的社会关系与期望拥有的社会关系间存在的差距导致的。孤独的人一般既没有亲密伴侣，也没有好朋友。如果长期处于极端孤独状态，人的态度和行为就会发生改变，对自我和他人的评价会更为消极，在社交方面不敏感甚至反应迟钝，与别人建立亲密关系的速度会非常缓慢，因为他们不愿意和别人谈及自己。当然，只要不是过度孤独，相反，大学生可以利用独处的时间更好地了解自己，达到内在自我的满足。

（三）意志水平发展的特点

随着大学生自我意识的觉醒和独立性的增强，绝大多数学生能够拥有良好的意志品质，能够坚定自己的奋斗目标，根据自己的理想目标制定学习和生活计划；为了实现这个目标，能够克服各种艰难险阻。在这一过程中，其意志的自觉性、独立性、坚韧性、自制性和果断性都有明显的提高。但也有部分学生仍然表现出一定的畏难性、懒散性、依赖性和冲动性，这不可避免地会影响到他们的学习和生活。

以小宇为例。小宇是一名大四学生，参加完研究生初试后，着手准备本科毕业论文，在确定选题的过程中，他历经了波折。起初，小宇选择了题目A，指导老师针对该题目给出了相应的指导意见，小宇没有依据老师的指导意见完善题目A，而是"另起炉灶"，选择了另一领域的题目B。同样，指导老师对题目B给出了研究建议，让小宇修改，而他对指导老师的建议置若罔闻，又拿了题目C让老师提建议。如此这般，最终因为时间非常紧张，小宇勉强凑了一篇毕业论文，差点没通过毕业论文答辩。同组的同学一步一步地按照老师的要求，踏踏实实、认认真真地进行毕业论文定选题、研究设计、撰写报告等，其中多名同学获得"优秀"的评价。小宇做毕业论文的经历充分暴露出其意志水平薄弱、畏难、冲动性强，缺乏自觉性、坚韧性和果断性等特点，其他大学生应该引以为戒。

二、大学生心理发展特征

大学生处在成年初显期,在这一时期,大部分学生的生理发展已接近完成,各项生理指标已经基本达到了成年人的标准,外貌和身体机能的变化相对缓慢,且大多难以察觉。总体而言,相较于人生其他阶段,大学生处于特定的环境,有着特定的任务,其心理发展必然有其独特性。具体来说,大学生在大学的不同阶段有着不同的心理发展特征。

(一)新生入学阶段

随着大学生活正式拉开帷幕,新生满怀期待和憧憬踏入了大学校园。这个阶段对每个大学生来说都是一个全新的开始,也是一个充满挑战和机遇的时期。在这个阶段,心理发展是至关重要的,它影响着大学生的学习、生活和人际关系。本部分内容将探讨大学新生入学阶段的心理发展特征,以及如何应对可能出现的心理问题。

1. 适应新环境

对于大学新生来说,适应新环境是一个重要的心理发展阶段。离开了熟悉的高中校园,进入陌生的大学校园,他们需要面对许多新的变化和挑战。在这个过程中,新生可能会感到孤独、焦虑和迷茫,不知道如何适应新的环境和生活方式。为了应对这种情况,新生需要学会适应新环境的方法,比如积极参加校园活动、结交新朋友、寻找导师等。同时,新生也需要学会调整自己的心态,保持积极乐观的态度,相信自己能够适应新的环境。

2. 建立自信心

在新的环境中,大学新生需要面对许多新的挑战和机遇,如学习任务完成、人际关系处理、职业规划等。在这个过程中,新生需要学会建立自信,相信自己能够应对各种挑战和问题。建立自信的关键在于了解自己的优点和不足之处,从而不断地挖掘自己的潜力。此外,积极参加各种校园活动、学习知识和技能也是提高自信的有效途径。

3. 建立健康的人际关系

人际关系是大学生活中不可或缺的一部分,良好的人际关系对个人的心理健康和发展具有重要意义。在新入学阶段,大学生需要建立健康的人际关系,与同学、老师和家人保持良好的沟通。建立健康的人际关系,需要双方的努力。在与他人交往的过程中,大学新生需要学会尊重、理解和支持他人,从而建立起和谐的人际关系。如果发现自己的人际关系出现了问题,需要及时采取措施解决,如寻求导师或心理辅导员的帮助。

4. 情绪管理

在大学生活中,情绪管理是一个重要的心理发展课题。在入学阶段,新生可能会面临许多压力和挑战,如学业压力、人际关系压力等。这些压力和挑战可能会影响他们的情绪状态,如焦虑、抑郁等。为了应对这种情况,新生需要学会管理自己的情绪,如通过运动、听音乐、阅读等方式放松。此外,大学新生需要学会与他人分享自己的情绪和情感体验,寻求他人的支持和帮助。如果发现自己无法控制情绪,就需要及时寻求心理辅导员的帮助。

总之,大学新生入学阶段是一个充满挑战和机遇的时期。在这个阶段,大学生需要学会适应新环境、建立自信、建立健康的人际关系以及进行自我情绪管理等。同时,大学新生也需要学会应对可能出现的心理问题,如焦虑、抑郁等。为了更好地应对这些挑战和机遇,他们需要保持积极乐观的心态,相信自己能够克服困难并取得成功。与此同时,家庭和学校也要认识到大学生心理发展的重要性并给予支持,为新生提供足够的心理支持和指导,帮助他们顺利度过这个重要的阶段。同时,社会各界也应该关注大学生的心理健康问题,共同为他们的成长和发展创造一个良好的环境。

(二)稳步发展阶段

经历过大一的适应阶段之后,大学生们逐渐摆脱了迷茫和困惑,进入大二、大三年级,找到了大学生活的节奏,也逐渐找准了自己的方向,开始进行初步的人生规划。在学习上,有计划、有目标、有方向;在生活上,同学关系也逐步稳定,有的学生可能有了恋爱的想法或已经坠入爱河。在这一时期,虽然有些学生仍然懒散消沉,但大部分学生已经进入积极向上的状态,对未来充满信心和希望,表现得越来越务实,向着自己的既定目标稳步前进。下面是给大二、大三学生的几个小建议。

1. 大二学生

大二阶段的学生已经度过了适应期,开始有了自己的规划。这个阶段的学生开始思考自己的未来,对未来的职业规划有了初步的想法。同时,他们也开始关注自己的心理健康,如何保持积极的心态,如何应对挫折和压力,成为这个阶段的重要课题。

在这个阶段，大二学生需要面对的主要心理问题包括：自我认知不足、职业规划迷茫、学习压力大、人际关系紧张等。针对这些问题，可以采取以下措施。

（1）增强自我认知。通过自我反思、他人评价等方式，了解自己的优点和缺点，明确自己的职业兴趣和优势，为未来的职业规划打下基础。

（2）制定合理的职业规划。根据自身情况和社会需求，制定合理的职业规划，明确短期和长期的职业目标，并为之努力。

（3）学会调整心态。面对学习压力和人际关系问题，要学会调整心态，积极面对问题，寻求帮助和支持。

（4）培养良好的生活习惯。规律的作息时间、健康的饮食、适当的运动等，有助于保持良好的心态和身体状态。

2. 大三学生

大三阶段的学生已经接近毕业，面临着就业或继续深造的抉择，这个阶段的大学生其心理发展也相应地变得更加复杂。

这个阶段的主要心理问题包括：就业焦虑、升学压力、自我认同危机等。针对这些问题，可以采取以下措施。

（1）明确就业或升学目标。根据自己的实际情况和兴趣爱好，明确就业或升学的目标，并为之努力。

（2）增强自我认知。通过职业测评等方式，了解自己的职业倾向和职业能力，为就业或升学做好准备。

（3）积极面对就业或升学压力。面对就业或升学压力，要保持积极的心态，寻求帮助和支持，避免过度焦虑。

（4）建立良好的人际关系。与家人、朋友、老师保持良好的关系，获得情感支持和帮助。

总的来说，大学生在稳步发展阶段需要关注自己的心理健康，通过增强自我认知、制定合理的职业规划、调整心态、培养良好的生活习惯等方式来应对心理问题。同时，大学生也应该积极面对就业或升学压力，增强自我认知，积极应对挑战，寻求帮助和支持。在面临抉择时，大学生应该根据自己的实际情况和兴趣爱好做出明智的选择，为未来的发展打下坚实的基础。

（三）毕业规划阶段

步入大四，很多人会感慨时光荏苒、白驹过隙，大一入学时的情景还历历在目，转眼就要各奔东西。大四毕业后，有些人要继续求学，攻读硕士、博士学位，有些人要走上工作岗位。此时，更加现实的问题摆在每一个大学生面前，考公务员、考事业编制、考研、就业、成家等一系列人生重大抉择需要大学生去面对。这一时期的大学生褪去了大一时的青涩，更加成熟、稳重。下面是给大四学生的几个小建议。

1. 必须选择好职业路线

大四时期的职业规划已经不是简单选择"专业"，而是要决定"行业"甚至决定"公司"了。如果不喜欢自己所学的专业，那就别找相对应的工作，多跟老师、学长交流，了解行业的大概情况，没有目标的学生则多去求职平台寻找。

2. 实习不是必要的

实习是为了让自己的简历上有出彩之处。反过来讲，大四的时间本来就不充裕，如果花费了大量的时间去实习，而这个经历对要寻找的工作没有太多帮助，则没必要去实习。

3. 利用好应届生的身份

有种招聘叫作"校园招聘"，有些公司（特别是国企）的某些岗位只招应届生。校园招聘的好处在于竞争对手也是大四学生，大家的水平往往不会相差太大。如果毕业当年没有进入好的公司，可以申请"暂缓就业"，那么在下一年同样可以以应届生的身份去应聘。

4. 保持独立

因为选择的路线不一样，所以在大四的时候，有些人会出去实习，有些人会待在图书馆看书深造，有些人却留在宿舍玩游戏。即便在大学前三年，一直都是浑浑噩噩的，那么到了大四，一定要学会独立，定好目标，一步步朝该目标努力。

5. 认定目标后一定要努力争取

无论前三年过得如何，在大学的最后一年，一定要确定目标并奋力一搏。有太多的学生，决定考公务员，却天天在宿舍刷短视频、看电影，最终连笔试都没通过；决定当老师，结果连学校的网上申报时间都不知道，从而错过了申报机会；决定创业，却天天在宿舍打游戏，毕业后钱没赚到，工作也没找到。

第三节 积极心理学视域下大学生心理健康的维护

一、大学生心理健康标准

(一) 心理健康的概念

心理健康包含没有心理疾病或障碍、心理机能正常和健全人格三个层次，是指人的心理，即知、情、意活动的内在关系协调，心理内容与客观世界保持统一，并据此促进人体内外环境平衡，保障个体与社会环境相适应的状态，并由此不断地发展健全人格，提高生活质量，保持旺盛的精力和愉悦的情绪。世界卫生组织（WHO）将心理健康定义为"身体、精神和社会的完全健康状态，而不仅仅是没有心理疾病或变态"。积极心理学从心理幸福感角度进一步关注人的优秀品质和健康心理。

(二) 心理健康的标准依据

心理学不同领域的学者对制定心理健康标准的依据有所不同，目前心理健康的标准主要依据以下四个方面：一是以统计学标准为依据，即个人心理行为在正态分布的群体平均值的正常范围内；二是以社会学标准为依据，即个人的心理行为符合社会群体认同的行为规范；三是以医学症状学标准为依据，即个人的心理行为未出现心理疾病或障碍的症状；四是以生活适应状况、个人主观经验、心理成熟与发展水平的正向状况等为依据。

随着对积极心理学的关注，人们对心理健康标准的侧重点逐渐从对疾病的预防及治疗转换到对幸福状态的追求上。幸福感是一个复杂的多因素结构，它的衡量标准分为客观衡量标准和主观衡量标准。客观衡量标准主要指"生活水平"；主观衡量标准涵盖心理、社会和精神三个方面，并基于个人对生活的认知和情感判断。对幸福感进行衡量的标准主要有以下四个维度：享乐幸福感、评估幸福感、实现幸福感以及其他有助于感觉的完整或良好的结构。享乐幸福感偏向主观感受获得的内在幸福感，如感到快乐；评估幸福感偏向对周围事物评估时获得的内在幸福感，如对人际关系感到满意；实现幸福感偏向对外部的追求获得的内在幸福感，如实现学习目标，在自我决定中拥有掌控感和自主感；

其他有助于感觉的完整或良好的结构,如乐观主义。

加入主观幸福感这一标准而形成的心理健康双因素模型包含积极心理指标和消极心理指标两个维度。主观幸福感为积极心理指标,精神病理学为消极心理指标,这使DFM可以测查出容易产生心理问题的人群,并突出积极心理状态推动人们向上的作用。总之,心理健康可以从积极与消极两个方面的特征来具体界定。

(三)心理健康标准

虽然国内外各个学派的学者对心理健康的定义不同,但学者们提出的心理健康标准大致相同。刘华山认为对心理健康的概念和标准的定义需要考虑以下方面:心理健康状况需要兼顾个人的内外两方面,个人的外在表现及内在主观感受都是不可忽视的;心理健康应该有不同的层次,我们对心理健康应该有更高层次的追求;心理健康不仅是一种状态,还是一个动态的过程,在中国哲学思维中,变化被认为是理所当然的,万事万物都在不断地变化;心理健康更是一种人生态度。

二、大学生心理健康的影响因素

大学生心理健康的影响因素,既有来自外部的生活环境如家庭、学校、社会等多方面,又有源于内在的个人品质等。我们主要从个体自身、家庭因素、社会因素进行分析。

(一)个体自身

1. 控制感

控制感可以分为两类:一是对内的控制感,即自主性;二是对外的控制感,即环境控制。德西(Deci)和瑞安(Ryan)提出了基本心理需要这一概念,它由自主需要、胜任需要、关系需要三个维度组成。自主需要被定义为个体为了获得对自己行为上的控制感和心理上的自由的需要;胜任需要被定义为个体为了获得对环境的控制感而提高自己能力的需要;关系需要被定义为个人与他人相联系或归属于某个群体的需要。当基本心理需要没有得到满足时,个体可能会有受挫的体验,进而可能会导致焦虑、抑郁等;而基本心理需要的满足可以显著提高个体的幸福感。

从自主需要和胜任需要的定义我们可以看出,自主需要等同于对内的控制感——自主性;胜任需要等同于对外的控制感——环境控制。因此,自主性和环境控制组成的控制感对心理健康的影响不容小觑。

2. 情绪管理

情绪是个体行为的重要驱动力,它影响着人们认知活动的方向、行为的选择、人格的形成以及对人际关系的处理。在一项采用包含理智调控情绪能力、控制消极发泄能力、寻求外界支持能力、控制消极暗示能力和积极补救能力五个维度的调查问卷测查大学生的情绪管理能力与心理健康关系的研究中,研究者发现问卷的五个维度与大学生的心理健康有显著的正相关,其中理智调控情绪能力、控制消极发泄能力、控制消极暗示能力对大学生心理健康的影响尤为显著,这说明大学生的情绪管理能力对心理健康有重要的影响。

3. 个人成长主动性

个人成长主动性是积极心理学视域下的一个新概念,指个体有意识地提升和完善自己的倾向,包括认知倾向和行为倾向两个方面,由对改变的准备、计划性、利用资源及主动的行为四个维度构成。

个人成长主动性水平高的个体认为自己有较强的自主性、积极的人际关系、较多的生活目标及能较好地掌控环境,这和心理幸福感的测量维度不谋而合,因此可以认为拥有高水平个人成长主动性的个体心理幸福感较强。同时,个体的个人成长主动性对个体的心理健康和职业认同等也具有显著的影响。在心理咨询领域,不同流派的学者有着不同的咨询目标,但都强调个人成长对心理健康的重要性。因此,个人成长主动性也是重要的心理健康影响因素之一。

4. 自我接纳

自我接纳的概念是由奥尔波特(Allport)首次提出,多被应用于心理咨询与治疗领域,是个体心理健康的重要标志之一。多个学派的心理学家对自我接纳给出了不同的定义。理性情绪疗法的创始人埃利斯(Ellis)从心理治疗的操作角度提出了无条件地自我接纳,强调评价自己的行为而不是自己的价值,认为自我接纳是对自己的所有行为表现进行无条件的接纳,包括自己的不完美,侧重于认知方面;从自我评价角度来进行定义的卡森(Carson)和兰格(Langer)

认为，自我接纳是个人要根据自己的需要和经验客观地对待别人的评价；从自我实现角度出发的人本主义心理学家认为，自我接纳是在人类需要的最高层次——自我实现的层面上实现的，侧重于情感方面。综合各个研究者的定义与解释，笔者认为自我接纳是指能够客观地看待自己，接纳自己的身体、情绪、情感以及经历，接纳自己的外在行为和内在品质，能正视和欣然接受自己现在的一切，将自我价值建立在自我认同的基础上，将自己视为一个值得尊重的人。

自我接纳对心理健康具有深刻的影响，自我接纳水平与消极情绪如焦虑、抑郁等呈负相关；与积极情绪如快乐、兴趣等呈正相关。研究还发现，自我接纳对人际关系也有影响。

（二）家庭因素

1. 经济状况

经济状况对学生的心理健康水平也有所影响。有研究者发现，家庭经济困难的大学生在生活中更容易表现出强迫、抑郁、焦虑和人际障碍等心理问题。

2. 家庭内部结构

在一项探讨家庭因素对大学生心理健康影响的研究中，研究者发现独生与非独生状况，父母的婚姻状况、文化程度及工作状况对大学生心理均有影响。其结果表明，非独生家庭的大学生比独生家庭的大学生心理健康水平低；离异家庭的大学生比正常家庭的大学生心理健康的总体水平低；父母为初中或以下文化程度的大学生心理健康水平最低；在躯体化、敌对和偏执因子上，父亲是大学及以上文化程度的大学生的心理健康水平明显不如父亲是高中或中技文化程度的大学生；在人际关系敏感上，母亲是大学及以上文化程度的大学生的心理健康水平则明显好于母亲是高中或中技文化程度的大学生；父亲或母亲为城镇无固定职业从业者对大学生的心理健康具有明显的消极影响。

3. 父母的教养方式

父母的教养方式是指父母在抚养子女过程中表现出的一种行为倾向，是对父母的各种教养行为的特征概括，是一种相对稳定的行为风格，反映了父母对待子女的行为和态度。父母作为个体最初接触的重要他人，对个体自我的形成与发展有着非同一般的影响，而父母的教养方式是影响个体心理健康的重要因素。一项以在校大学生为研究对象，探讨父母的教养方式、大学生安全感和心理健康三者之间的关系的研究结果表明，父母的教养方式是大学生心理健康水平的重要影响因素，大学生感受到的父母关爱越多，其心理健康水平越高。

（三）社会因素

1. 文化

文化可通过影响面对压力的应对方式、对信息的处理方式等直接或间接影响人的心理健康。景怀斌认为，儒家文化应对挫折的方式对心理健康具有保护作用。在面对压力时，不要把直接消除压力作为目标，而应看到压力可以促进个人成长与发展的作用。在这个过程中，要对挫折等逆境性压力事件从积极的角度进行心理意义上的转换，即重新评价。当转换一个角度看待我们面临的逆境，或跳出眼前困境的框架，以个人成长的眼光看待逆境时，我们或许可以用更好的心态及更强的自我效能感来面对。

文化还影响我们对信息的处理方式。例如，马苏达（Masuda）和尼斯贝特（Nisbett）通过对比中西方文化发现，东方文化对信息的处理方式更倾向于"整体"，在信息处理过程中关注整个领域，并将因果关系放在语境中，注重整体与部分的关系。后续的研究进一步发现，"整体"信息处理方式的思维可以降低心理障碍的发生率，特别是能够有效地调节负面情绪。

2. 人际关系

关系需要是基本心理需要的重要成分。关系需要包括良好、和谐的人际关系以及他人的支持。拥有积极的、有建设性的人际关系是大学生心理健康的重要标志之一。由于学校是除了家庭以外对学生的心理健康影响最重要的场所，对大学生而言，班级内同学间的人际关系，即同伴关系，对心理健康水平影响至深，过度活跃和过度被动的人际关系都不利于心理健康，在人际交往中要学会保持平衡。直接的同伴关系（朋友）和间接的同伴关系（朋友的朋友）都会影响个体的心理和行为，同时心理健康也会反过来影响个人与同伴关系的质量及在人际关系网络中的地位。对恋爱关系与心理幸福感的研究结果也表明，目前或过去有过恋爱关系的个体表现出更好的人际关系和生活发展水平，而从未有过恋爱关系的被试者则表现出更高的自主性。通过该研究可以看出，恋爱关系将显著影响大学生的心理幸福感，它与自我接纳、积极的人际关系和生活发展维度呈正相关，与自主性呈负相关。

三、积极心理学对大学生心理健康的诠释

在心理学视域下,我们可以看出积极与消极两个方面,这二者的并存决定了一个人的心理发展方向。从传统上来看,我们所讲到的心理学科基本上把心理问题放在非常重要的地位,其主要目标便是让一些存在心理问题的人摆脱这些问题的困扰,因此主要强调的是对心理问题的矫正和修复。而积极心理学却不同,它认为人自身存在的一些优点和积极的心理品质都是需要被发掘和培养的,而并不是一味地关注消极心理困扰问题。积极心理学将研究的重点放在人自身的优点和价值之上,主张培养人的积极品质和积极力量,从而让人的生活更加幸福。

大学生作为社会上最富有活力、最具有发展潜力的一个群体,其心理健康状况对他们的发展有着非常重要的影响。在大学生中存在的各种心理问题也比较严重,这表明他们在自我认识和评价上出现了一定的问题。在这种现状下,积极心理学的观点为其心理健康问题的解决提供了一种新的可能性。我们需要了解一点,那就是每个个体都存在自己的优势和积极的心理品质,所以应不断地开发自己的潜能、发掘自身的价值,以提高自己的心理素质、解决存在的心理问题。大学生的心理品质主要有专注、创新、探索等,都具有很大的潜力。

四、积极心理学视域下大学生心理健康维护的意义

在当今社会,大学生的心理健康问题越来越受到关注。积极心理学作为一个新兴的研究领域,为大学生的心理健康维护提供了新的视角和方法。笔者将从促进大学生心理素质的健康发展、提升大学生人际关系的处理能力、塑造健全的人格与构建和谐的校园氛围三个方面,阐述积极心理学视域下大学生心理健康维护的意义。

(一)促进大学生心理素质的健康发展

积极心理学认为,心理素质是个体心理健康的核心,包括认知、情感、意志和行为等多个方面。通过积极心理学的引导,大学生可以更加关注自身的心理素质,提高自我认知和自我调节的能力。在维护心理健康的过程中,大学生可以逐渐培养出积极的心态,增强自信心和自我控制力,从而更好地应对各种心理压力和挑战。

（二）提升大学生人际关系的处理能力

人际关系是影响大学生心理健康的重要因素。积极心理学强调人际关系的积极性和主动性，鼓励大学生在人际交往中发挥自己的优势，建立良好的人际关系。通过积极心理学的引导，大学生可以学会如何与他人建立良好的关系，增强沟通能力和合作精神，从而更好地适应校园生活和社会环境。

（三）塑造健全的人格与构建和谐的校园氛围

积极心理学认为，人格是一个人心理品质的综合体现，包括性格、兴趣、价值观等多个方面。通过积极心理学的引导，大学生可以逐渐形成健全的人格，增强自我意识和自我认同感。这种健全的人格有助于大学生更好地适应校园生活和社会环境，同时也有助于构建和谐的校园氛围。在和谐的校园氛围中，大学生可以更好地发挥自己的潜能，实现自我价值。

总之，积极心理学视域下大学生心理健康维护的意义重大，需要我们从多个方面入手，采取多种措施提高大学生的心理素质和人际交往能力，营造良好的校园氛围。只有这样，才能真正地实现大学生的全面发展和健康成长。

五、积极心理学视域下大学生心理健康的维护策略

（一）培养积极心态

积极心态是维护大学生心理健康的重要因素。首先，大学生应该学会积极应对生活中的各种挑战和困难，保持乐观、开朗的心境。其次，大学生要培养自己的兴趣爱好，积极参与各种社团活动、志愿服务等，通过这些活动来扩大自己的社交圈和朋友圈，从而更好地调整自己的心态。最后，要学会自我调节，通过积极的自我暗示、冥想等方法来增强自己的心理韧性，以应对生活中的压力和挫折。

（二）建立良好的人际关系

良好的人际关系是维护大学生心理健康的重要保障。大学生应该积极参与各种社交活动，与同学、老师、家人建立良好的关系。在与他人交往的过程中，要学会倾听他人的观点，尊重和理解他人的感受，避免产生矛盾和冲突。同时，要学会表达自己的想法和感受，与他人建立良好的沟通和互动。此外，要学会处理人际关系中的冲突和矛盾，通过协商、妥协等方式来解决分歧，从而维护

良好的人际关系。

（三）培养自我认知能力

自我认知能力是维护大学生心理健康的重要基石。大学生应该学会认识自己的优点和不足，明确自己的价值观和目标，从而更好地调整自己的行为和态度。在自我认知建构过程中，要学会从不同的角度看待自己，客观地评价自己的能力和潜力，避免过度自责和自卑。同时，要学会接受自己的不完美，通过积极的自我调整和改变来提高自己的心理健康水平。

（四）增强心理韧性

心理韧性是维护大学生心理健康的重要能力。大学生应该学会面对生活中的压力和挫折，通过积极的心理调适来增强自己的心理韧性。在面对困难和挑战时，要保持冷静、理智的态度，寻找解决问题的方法和途径。同时，要学会放松，通过各种放松技巧来缓解自己内心的压力和焦虑。此外，要保持健康的生活习惯和饮食习惯，通过合理的作息和饮食来保持身体健康和精神愉悦。

综上所述，积极心理学视域下大学生心理健康的维护策略包括培养积极心态、建立良好的人际关系、培养自我认知能力和增强心理韧性等方面。这些策略的实施需要大学生自身的努力和实践，同时也需要学校、家庭和社会等各方面的支持和帮助。只有通过综合性的措施，才能更好地维护大学生的心理健康，帮助他们更好地应对未来的挑战。

第二章

积极心理学视域下大学生健全人格培养与自我意识塑造

第一节 积极心理学视域下大学生健全人格培养

一、人格与健全人格

（一）人格的概念、性质与结构

1. 人格的界定及其文化属性

我们了解自己的过程，也是探索人格的过程。我是谁？如何评价自己？这些问题实质上都是在了解和揭示人格。人格是一个复杂的概念，不同的学者有不一样的界定，且东西方文化的侧重点也不同。不过，学者们对其中的两个核心特征基本达成了共识，即人格的独特性和社会性。人格的独特性指每个人都是独一无二的生物体，就像世界上没有完全相同的两片叶子一样，每个人的思维、气质、能力、需求、动机、价值观等方面都存在差异。人格的社会性则指人格是个体在社会化过程中形成的，脱离了社会交往，就无法形成正常的人格。例如，"狼孩"的事例说明离开了正常的社会成长环境，个体的语言、认知、情感功能都会受到很大的影响，较大可能无法成长为适应社会的人。

人格一词由拉丁文 persona 演化而来，最初的意思是"面具"，意指演员在舞台上独特的角色，正如"人心不同，各如其面"。东西方文化在人格概念的侧重点方面有所差别，简而言之，西方文化比较强调个体的独特性，而东方文化较为关注个体的社会性（尤其是道德属性）；西方文化强调人和人之间个性的差别，而东方文化不太强调或鼓励"个性"，更看重人的集体属性，尤其是道德品质。在古汉语里，"格"即一个人的样子、格局，也是"度也，量也"，即衡量人的准绳、规格。还有"格者，正也"之说。诸葛亮认为了解和考验一个人应从"志、变、识、勇、性、廉、信"等方面入手，也是更多地强调道德属性。因此，从中华传统文化的角度看，人格在东方文化中更多的是指一个人的道德品质和所承担的社会责任，而非是否与众不同。

结合人格的独特性和社会性，可以将人格界定为个体在社会适应过程中表现出来的赋予人特色的心理品质。心理品质又包含能力、情绪、需求、动机、兴趣、态度、价值观、气质等诸多成分。现在的研究者一般结合某一种或多种心理成分来揭示人格。

2. 人格的性质

人格的基本性质表现出对立统一的特点，主要有：普遍性与特殊性，稳定性与可变性，统合性与分离性，复杂性与结构性，功能性与失调性。

（1）普遍性与特殊性

如前所述，人和人之间是存在差异的，但是人和人之间也有相似性。例如，人类都有共同的基本需要（食物、睡眠等），人在犯错时会感到羞愧等，这些是人类的共性。此外，某些群体内部的人有相似之处，而与另一些群体却有显著差别。例如，东方人以谦逊为美德，在这一群体内部是相似的；而西方人则鼓励通过自我展示来表现能力，这些在他们的群体中是相似的。

（2）稳定性与可变性

"禀性难移"说的就是人格的稳定性。一般认为，人格一旦形成就不太容易发生大的改变。不过，在一些特殊情况下，人格也是有可能改变的，如遭遇重大突发事件（如地震、疫情、家庭变故）后，个体的人格特征也有可能发生改变（如从外向变为极端内向，由正常变为抑郁）。

（3）统合性与分离性

正常的人格是功能统合的，能够将人的认知、情感、行为等统整到符合逻辑和社会规范的框架内，就像机器运转一样，使每个零件各司其职，不至于产生冲突。而异常人格者（如精神分裂症患者），其认知和情感功能往往是混乱无序的、分离的（如幻听、妄想），其行为特征往往不被社会接受。

（4）复杂性与结构性

人格的成分多种多样，是极其复杂的。但是，这并不表示人格组织是无规律、无原则的。很多学者探讨了人格的结构，比如特质学派奥尔波特（Allport）将人格划分为共同特质和个人特质，又根据重要程度将个人特质划分为首要特质、中心特质和次要特质等，说明人格是有组织、有规律性的。

（5）功能性与失调性

"性格决定命运"，健康的人格能够发挥适应性功能，帮助个体适应环境和达到目标。例如，同样在逆境（如家庭贫困）中，自立品格强的学生往往更有可能克服困难，改变命运，而不健康的人格可能导致个体适应不良。例如，自我控制能力差的学生，往往学习成绩不好，追求享乐，甚至成为问题学生。

总之，人格具有多种对立统一的特质，正常和健康的人格有助于个体对社会的适应。

3. 人格的结构

关于人格的结构，没有统一的观点，不同的学派有各自的特色和证据支持。以弗洛伊德（Sigmund Freud）为代表的精神分析学派认为，人格是一个整体，几个关键的部分相互作用。早期的冰山模型开创性地提出了潜意识的概念，认为人格结构由意识、前意识和潜意识构成。意识即随时随地可以知觉和观察到的心理现象（如感觉、知觉、经验、记忆等）。比如，此刻自己的所思所想，这些就像浮在海平面之上的冰山一样。前意识是指此刻并未进入意识范围，但是稍加努力就能提取到的心理现象。比如，个人经历就像在海平面附近上下浮动的冰山，大部分时间在海水里，但是随时能够涌出海平面。而潜意识则是人格结构的核心，是人的精神活动的主要方面，是指那些原始的冲动、欲望、不被接受的想法等，这是冰山的主体，却只能藏在海水中。例如，我们的梦境、口误、笔误等可能是潜意识的真实愿望通过安全的方式在进行表达。后期，弗洛伊德完善和修正了潜意识理论，提出本我、自我和超我的三维人格结构说。本我是人性的基础，遵循快乐原则，是原始的潜意识的本能，包括性、攻击等，只想满足欲望，不考虑现实。超我则是人性中的道德和伦理层面，遵循道德原则，压抑本能冲动，追求道德完善。显然，本我和超我是矛盾的，经常发生冲突，对人格产生负面冲击。如何协调这种关系呢？自我是协调矛盾关系的指挥官，遵循现实原则,是人格中有组织的、合理的系统,能够以合理的方式释放本我的冲动,而又使本我的冲动不偏离社会规范。

特质学派认为,人格结构的单元是特质,是由一组具有概括性、稳定性、可量化的神经生理组织构成。特质类型可以划分为个人特质和共同特质,前者是指每个人独一无二的特质,后者则是很多人共有的特质。个人特质又进一步划分为首要特质、中心特质和次要特质等。首要特质是指个体表现出来的占绝对优势的、渗透性极强的行为倾向,比如权力欲望极强的个体往往在工作、生活的方方面面都表现出支配欲。中心特质是比首要特质的概括性和典型性稍弱的特质,但是仍然可以部分刻画人格,比如权力欲望强的个体有聪明、直率、冲动等特质。次要特质则是概括性、渗透性较低的特质,如一个人的具体爱好、兴趣、态度等。

总之,人格结构是复杂的,但是可以通过一些原则进行建构,是有组织、有层次的。

(二)人格动力与人格发展

1. 人格动力

人格动力试图说明什么在影响行为,即行为的动能和驱力。比如,在危难情境中,有些人冒着生命危险救助他人,而有些人选择逃离。同样的情境,为何人的行为如此不同?人格的差异可能是一个重要因素,那些有勇气、共情特质更高的个体或许更有可能舍身救人。关于人格动力,不同的学派其观点也不同。以弗洛伊德为代表的精神分析学派认为人格动力是本能,分为生的本能和死的本能。生的本能也称力比多(音译自Libido),是积极的、建设性的能量,主要是指性本能,目的是个体的繁衍和成长;而死的本能是黑暗的、破坏性的,如人性的攻击、对抗、仇恨和自毁等。以马斯洛(Maslow)、罗杰斯(Carl Rogers)为代表的人本主义学派则强调人的需要(性只是其中的一部分)是主要人格动力。需要层次理论指出,需要使人处于不满足的状态,一种需要被满足之后,就会追求更高层次的需要。马斯洛将它们分为生理需要、安全需要、归属需要、自尊需要和自我实现需要等由低到高的层次,这些需要驱动个体的行为。而以华生(John Watson)、斯金纳(Skinner)等为代表的行为主义学派认为驱动和改变行为的是外在环境,建立在经典条件反射理论的基础上,在刺激和反应之间不断地重复和强化就能建立联结,进而使个体习得某一行为。

因此，他们认为环境是影响人的行为的关键因素。不过，这些理论都只看到人格动力的某一方面，我们需要以综合的观点探讨行为驱力，显然，外在环境和内在需要会交互影响行为的发生。

2. 人格发展

人格发展旨在探讨人格变化历程和机制的问题。我们现在的性格与儿时的性格可能截然不同，那么，我们是如何一步一步成为现在的自己的？俗话说，"三岁看大，七岁看老"。人格是一成不变的还是终身发展的呢？一些学者（如弗洛伊德）强调童年期的重要作用，认为人格在5岁左右时就成形了，而另一些学者（如埃里克森 E.H.Erikson）持人格终身发展的观点，认为每个人生阶段都有各自的危机和发展任务，成功解决这些危机意味着人格的进一步成熟。以埃里克森的观点为例，按照生理年龄，人格发展历程被分为八个阶段，每一个阶段都有危机和任务，成功解决这些危机就能够增强人格力量，促进社会适应。

（1）婴儿期（1岁以前）

婴儿的主要任务是建立对哺育者的信任感，如果母亲能以关爱、耐心的方式照料孩子，婴儿就能建立对世界的基本信任感，成为日后人际信任的模板，发展出希望的品质，否则就可能变得孤僻、退缩。

（2）幼儿期（1～2岁）

幼儿的主要任务是自主探索环境，获得对环境的掌控感。如果父母能够给予适当的自由和指导，孩子就容易建立自主感，发展出意志的品质，否则就可能产生羞愧感和依赖感。

（3）学前期（3～7岁）

学前期儿童的活动范围扩大，主要任务是通过无穷无尽的好奇心探索世界。如果父母能够鼓励孩子的好奇心和求知欲，愿意回答"为什么"，孩子就容易发展出主动性和决心的品质，否则，就可能形成负罪感及唯唯诺诺的个性。

（4）学龄期（6～12岁）

儿童开始进入小学，主要任务是养成良好的习惯，通过学习建立勤奋感和胜任感。父母和老师应当给予儿童鼓励、引导和适度的期望，否则，可能导致儿童自信心不足，产生自卑感。

（5）青春期（13～17岁）

一方面，这一时期的个体由于生理的巨大变化，性冲动逐渐高涨；另一方面，他们想要迫切地认识自己，经常思考"我是谁""我在别人眼中是怎样的"，需要通过学习知识、增加阅历和人际交往等综合认识自己，建立自我同一性。如果各方面的评价符合自我期待，就容易建立同一性和忠诚的品质，否则就可能陷入同一性混乱，产生问题行为。

（6）成年早期（18～24岁）

个体开始步入社会，重要任务是建立亲密关系，体验爱与被爱，获得亲密感或爱的品质；否则，可能陷入孤独感和疏离感。同时，应该学习必要的技能，为进入社会做好准备。

（7）成年中期（25～64岁）

这一时期个体的主要任务是成家立业，通过生儿育女获得延续感，通过工作实现自我价值。如果这些事情进展顺利，个体就容易发展出价值感和关心的品质，否则容易产生无用感、停滞感。

（8）成年晚期（65岁以后）

个体面临生命的结束，开始思考和回顾一生，如果家庭幸福，事业有成，就能获得人生的圆满感、意义感和智慧的品质，能够平静地接受死亡，否则，可能陷入失望和无意义感。

大学生正处于青春期和成年早期交互的阶段，一方面，要通过学习知识、社会实践、人际交往等获得恰当的自我评价，接纳自己的优点和缺点，建立较为成熟的自我同一性；另一方面，通过建立稳定的亲密关系等，发展出关爱他人、关爱自己的品质，并且积累才干，主动承担社会责任和义务。

（三）健全人格系统

人格发展的目标是形成健全的人格。何谓健全人格？它的结构组成是怎样的？我国心理学家黄希庭提出的健全人格理论（也称"幸福进取者模型"）系统地阐述了这些问题。根据健全人格理论，心理健康是一个连续体，一端是心理疾病，另一端则是最佳的心理健康状态，即人格健全。很多学者探讨过健全人格者的特征，比如马斯洛提出的自我实现者的15种特征，以及积极心理学家提出的优势性格特征等。中华优秀传统文化倡导的正心、诚意、格物、致知、修身、齐家、治国、平天下等，也是值得提倡的优秀品格。

根据几十年的研究积累，结合中华优秀传统文化，黄希庭系统地建构了健全人格的三维同心圆结构。同心圆的最里层是正确的价值观。价值观是用来区分善恶美丑的标尺，只有具备正确的价值观，个人的能力才会有益于社会；反之，能力越大对社会的危害就越大。同心圆的第二层是积极的自我观。除了要做到儒家文化倡导的"克己""成己"，还要拥有积极和恰当的自我评价，能够自爱、自尊、自信、自立、自强，努力自我完善和发展。同心圆的第三层是优秀的心理品质，比如创造性、善良、同理心、责任心、合作精神等，这些优秀的品质有助于促进个体充分发挥才干，实现自我价值，造福他人。

总之，大学生正处于人格发展的重要阶段，培养大学生的健全人格应当以树立正确的价值观为基础，着重培养其积极的自我观和优秀的心理品质，使大学生成为积极向上的幸福进取者。

二、人格的核心：自我概念与自我探索

人格系统是复杂的，可以从多种维度进行分析，比如特质维度、动机维度、认知维度、情感维度和时间维度等。不过，无论从哪个维度分析，自我都是人格的核心。自我是指挥官的角色，将复杂的人格成分统合到一个有逻辑的框架之中，以维持心理健康和形成健全人格。

（一）自我概念：我是谁

1. 自我概念的属性

很多大学生常常问自己："我是谁""我想要/喜欢什么""我将来做什么""我能行吗"……当他们无法获得满意的答案时，或许会产生自我怀疑，陷入矛盾和焦躁不安的状态。自我在生活中的运用非常普遍，"我想……""我觉得……""我一定要……"等都是以自我为中心而展开的。人们还常说要自信、自强，要有自知之明，不要自暴自弃、自甘堕落等。可见，认识自我是人们普遍而重要的需要。

心理学中的"自我"有两种翻译：ego 和 self。精神分析理论中的人格三成分之一即 ego，意为精神活动的核心，协调本我和超我的冲突，使个体的欲求能够以符合规范和道德准则的方式得到满足。self 则是纯英文单词，原意是"同样的"，意指独特的同一性身份。美国心理学之父威廉·詹姆斯（William James）提出，自我可以划分为主体自我（I）和客体自我（me）两个方面。主体自我是主动的知觉者，能够知觉、组织、解释和预测一些经验，意识到自己与他人的不同及时间上的连续性，有时也被称为自我意识；客体自我是被知觉、被认识和被评价的对象，即关于自己的所有经验和意象，常被称为经验自我或

自我概念。詹姆斯指出，主体自我的研究难度较大，学者常常将关注点放到客体自我上，即自我概念的研究。自我概念又被进一步划分为物质自我、社会自我和精神自我。物质自我是与物质相关的自我，比如财产、孩子等。社会自我是与社会角色相关的自我，比如个人的社会关系、职业等。精神自我更加抽象，包括诸如能力、动力、兴趣、价值观、目标之类的心理自我。从广义上讲，社会自我可以归入精神自我一类。

继詹姆斯之后，很多学者从不同角度对自我的结构进行了探索，最有名的是黑泽尔·马库斯（Hazel Markus）等学者依据个体主义文化和集体主义文化的差异提出的独立型自我和依赖型自我。他们认为，以美国、加拿大等为代表的西方国家偏重个体主义文化，强调个体的独特性、自主性和自我价值的实现，个人的价值评判是以自身的能力实现为主；而以中国、日本等为代表的东方国家偏重集体主义文化，强调个体是集体的一部分，注重人际关联，讲求社会关系，强调责任、义务和地位，个人价值只有对集体有益时才能得到认可。

为了揭示国人独特的自我结构，国内学者对此进行了深入探索。杨国枢等提出的华人自我四元论非常具有代表性。他们根据人类适应的自主性和融合性两种趋势，将自我界定为个人取向自我和社会取向自我，社会取向被进一步划分为关系取向、家族取向和他人取向等。个人取向自我接近于西方文化中的个体自我；社会取向自我接近于东方文化中的集体自我。此外，关系取向是指人际交往中地位/权力大致接近的双方（如朋友、同事）的互动关系；家族取向是指在家族内外与家人的互动方式；他人取向是指与具有概括化的非特定他人（如"父老乡亲"）之间的互动方式。通过区分不同的场合和情境，能够较好地勾勒出国人独特的自我概念及个体差异。另外，基于中华优秀传统文化，黄希庭及其团队系统地探索了儒家文化所倡导的"自立""自信""自爱""自强""自省"等概念，实证揭示了其结构成分，能够较好地描述国人独特的自我。

2. 大学生自我概念的特点

大学生正处于自我概念尚不稳定的发展阶段。一方面，从自我发展阶段的角度，18～25岁的大学生的重要任务之一是建立成熟的同一性，即明确"我是谁""我对自己的评价如何""我的目标是什么"等问题；另一方面，从中学进入大学，大学生获得了前所未有的自由空间，面临全新的人际关系、学习方式，原先的经验可能不足以处理新的情况，容易产生困惑和自我怀疑，阻碍同一性的建立，而陷入一种自我不确定的状态——自我不确定感在大学生中非常普遍。

为了缓解和管理自我不确定感，学者们提出了很多理论，做了不少有价值的实证研究，值得思考和借鉴。国外学者博斯（Van den Bos）等提出的不确定管理理论认为，文化世界观防御有利于减轻自我不确定感。例如，通过强调公正信念（"机遇相对是公平的"）、正确的世界观／价值观（"有付出就有回报"等）能够让人感受到世界是公平的，命运是可控的，进而增强对生活的确定感。霍格（Hogg）等提出的不确定—认同理论指出，通过依附于群体能够增强个体的归属感、认同感，群体目标能够指引个体的行为，进而增强确定感，缓解不确定感。国内学者杨庆等提出通过关注长远的未来，着眼于长期的重要目标（而非局限于眼前的琐事），有助于增强情绪调节，增强对不确定感的忍受度。此外，适度的不确定感并非坏事，如果能将其视为挑战（而非威胁），反而能够激发人的动力，有助于目标追求。例如，杨庆等通过脑电研究发现，适度的自我不确定感能够激发大学生提升学业表现的动机，进而在学业相关的认知任务中增强错误监控能力，提高行为正确率。

总之，大学生面临的自我不确定感并非总是坏事。我们通过关注长远的目标，将不确定的东西视为挑战和进步的催化剂，努力朝着目标前进，就能够管理不确定感，达到理想目标。当自我不确定感程度较高、持续时间较长、感到焦虑不安的时候，我们可以尝试通过文化价值观确认、群体归属等予以缓解。

（二）网络世界与自我概念

自我概念对于包括大学生在内的每一个人都很重要。积极而清晰的自我概念意味着个体对自己有着正面的态度和情感体验，清楚地知道自己的优缺点、需求、动机、目标等。积极的自我概念（较高的自尊）和自我概念清晰性能够促进心理适应，使个体采取适应性的方式计划和组织行为，提升生活满意度和生命意义感等。反之，当个体对自己的评价很低，或者有着混乱的自我认识时，则可能产生不良的行为反应和情绪调节模式，导致焦虑、抑郁等情绪问题，甚至出现精神分裂症状。

自我概念的形成是遗传与环境综合作用决定的。关于环境因素，随着虚拟社交媒体（如微信）的普及和流行，它正在成为人们生活中的重要部分，深刻地影响个体自我概念的形成。

关于社交媒体对自我概念的影响，研究者主要关注自我概念的两个成分：

自尊和自我概念清晰性。根据坎贝尔（Campbell）等研究者的观点，它们分别代表自我概念的内容和结构两大成分。自尊是内容成分，即个体是如何评价自己的，是对自己的总体情感体验。而自我概念清晰性是结构成分，即个体对自己的认识是以何种方式被组织起来的，代表自我认识的明确性、一致性和稳定性。社交媒体对自我概念的影响主要围绕这两种成分开展。

1. 社交媒体对自尊的影响

关于社交媒体对自尊的影响，研究结果很多但并没有一致结论。通常来说，当个体在社交媒体获得积极反馈和评价（如点赞、积极的评论）时，自尊可能短暂提高；反之，自尊可能短暂下降。当社交媒体增强个体的人际联结感和社会支持感时，有利于提高个体自尊水平。当在网络上进行上行社会比较（如看到他人丰富多彩的朋友圈）时，自尊可能受到负面影响；而当进行下行社会比较（比如看到他人不如自己）时，自尊可能短暂提高。此外，社交媒体的使用方式也会对自尊产生不同的影响。例如，主动使用社交媒体（如主动发朋友圈、评论）更有可能提高自尊，而被动使用社交媒体（如被动浏览朋友圈）更有可能对自尊产生负面影响。不过，有研究者呼吁抛弃主动使用、被动使用的说法，要重点关注社交媒体使用的具体行为和体验对自尊的影响。

2. 社交媒体对自我概念清晰性的影响

关于社交媒体对自我概念清晰性的影响也未达成一致结论。瓦尔肯堡（Valkenburg）等学者提出了两个竞争性的假设：自我概念统合假设和自我概念分化假设。前者认为社交网络有助于提升个体的自我概念清晰性，原因是社交网络提供了广阔的社会共鸣模板，在广阔的网络上总能够找到与自己相似的人、相似的观点，有助于自我身份的确认和肯定，进而增强自我概念清晰性。相反，自我概念分化假设认为社交网络包含各种各样纷繁复杂的人物、观点和思想，容易使用户产生对比，模仿不同的角色和身份，造成人格分化，导致自我概念清晰性的下降。两种假设都得到了一些证据支持，总体上分化假设的证据更多，但是还不足以盖棺论定。

总体上，社交媒体使用（尤其是被动使用）时间越长，自我概念清晰性可能越低。不过，这种预测关系并不稳定，取决于研究者采用了何种测量工具。例如，网上自我展示能够负向预测自我概念清晰性，但是社交工具使用强度不能预测。网络身份探索（尝试用多种身份表达自己）负向预测友谊质量，进而负向预测自我概念清晰性；而网络同伴交流（利用社交媒体与朋友交流）却能正向预测友谊质量，进而正向预测自我概念清晰性。可见，使用社交媒体对自我概念清晰性的影响是非常复杂的。

社交媒体对自我概念的影响，取决于用户的使用动机和使用方式。例如，当用户主要使用它们和家人、朋友交流时，就能够增强人际联结感和人际亲密感，将对自我概念有积极的提升作用。国内研究者杨庆和外国团队合作，专门针对中国大学生群体通过实证调查发现，社交媒体是一把"双刃剑"：一方面，社交媒体使用强度对自我概念清晰性有直接的负向预测作用；另一方面，社交媒体使用强度也可以正向预测社会支持感，进而间接正向预测自尊和自我概念清晰性。该研究通过构建一个不同路径相互竞争的掩蔽模型，说明社交工具对大学生自我概念的影响取决于使用者的动机和使用方式，当用来进行社会交往和促进人际联结时，就有利于维护积极和清晰的自我概念。

总之，网络世界丰富多彩，给大学生的生活和学习带来了诸多便利；同时，也要警惕网络给自我发展带来的潜在负面影响。结合现有的研究证据，我们建议大学生适度使用社交媒体，可以多用它们与家人、朋友、师长等进行信息交流、人际互动和寻求帮助等，增强人际联结感、社会支持感，这样有助于自我概念的发展。

（三）自我探索与健全人格培养

自我是人格的核心成分，健全人格的培养离不开自我的完善。根据黄希庭的健全人格理论，积极的自我观居于健全人格的核心层次，培养大学生的健全人格，离不开对大学生的自尊、自信、自立优秀品质的培育。

1. 自尊与健全人格

自尊在英文中指对自身的总体评价，也被翻译为自我价值感。在汉语中，"自尊"一词源于"重厚自尊谓之长者"，意思是自我尊重，不卑躬屈膝。我们可以从不同维度对自尊进行描述。从是否被意识到的角度可以划分为外显自尊和内隐自尊，前者通过问卷测量，主观报告对自身的感受和评价；而后者是个体没有觉知到的自我态度，但是可以通过一些间接手段（如内隐联想测验）测得。外显自尊和内隐自尊的相关性较弱，即外显自尊高的个体其内隐自尊不一定高。

通常，外显自尊较高而内隐自尊较低的个体的自我认识是矛盾的、不稳定的，即尽管个体从表面上看起来自我感觉良好，但实际内心是比较自卑的，这种现象被喻为"虚假自尊"，对个体是有害的。

从多维度、多层次的视角可以把自尊划分为总体自尊、一般自尊和特殊自尊。总体自尊是概括程度最高的，是对自己的总体评价；一般自尊的概括程度稍低，分为个人取向自尊和社会取向自尊，前者指个人潜能发挥时的积极情感体验，而后者是指得到他人或社会认可时的积极体验；特殊自尊的概括程度最低，是某一具体领域的自我评价，也包括个人取向自尊和社会取向自尊，如生理自尊、道德自尊、人际自尊、家庭自尊等。

培育稳定、一致的自尊对大学生的人格培养、学业适应是很重要的。一般来说，自尊较高的个体可能更加乐观、热情、情绪状态好、自我调节能力强、成就高；而自尊较低的个体更有可能悲观、退缩、孤独、焦虑、成就低。需要强调的是，当个体的内隐自尊和外显自尊较高且一致的时候，才是稳定的、真正的自尊，才能更好地发挥适应性功能。为了培养这种真实的自尊（而非"虚假自尊"），需要大学生努力在一些重要的方面（如专业学习方面）切实提升能力。只有拥有真才实学和过硬的本领，获得自我的满足和社会的认可，并且做到表里如一（不做作、不刻意夸张地展现自己），才会有益于对健全人格的培养。

2. 自信与健全人格

自信也是健全人格培养的重要方面。自信，即对自己的信任、信心，也是一个多维度多层次的复杂结构。大学生的自信分为几个层面，即整体自信、身体自信、学业自信和社交自信等。自信的个体有较高的自尊，肯定自己的价值，有积极乐观的情绪，有较高的自我效能感，更容易克服困难，取得较高的成就等。而自我不确定者更容易怀疑自己，有更多负面评价，更容易陷入困惑、焦虑的状态，导致学业困难、人际交往困难等。保持适当的自信是必要的。自信的培养不是一蹴而就的，像自尊一样，大学生需要在一些重要的方面（如学业）不断努力提升自己，获得点点滴滴的成功体验后更容易积累自信。此外，还要防范自信走向极端，脱离实际的过度自信就会变成自负，会阻碍人的进步。

3. 自立与健全人格

自立的培养对健全人格也很重要。自立，即从过去依赖的事物中独立出来，自己做主，自己负责。自立是终身发展的过程，可分为身体自立、行动自立、心理自立、经济自立和社会自立等。大学生的自立意识结构主要包括经济自立意识、心理自立意识和社会自立意识。经济自立是指摆脱对家人的经济依赖，有自主谋生的能力；心理自立是指摆脱对父母、老师的心理依赖，能够自我判断、独立思考和独立解决问题；社会自立是指成为社会的一分子，主动承担社会义务。典型的自立者具备独立性、主动性、责任性、开放性和灵活性等特征。大学生的自立意识和自立能力培养要围绕三个方面开展：一是要独立、自主地进行思考、判断和选择，面对问题时以"我"为中心，积极主动地解决问题；二是要敢于为自己的决定负责，能够承受压力和失败，善于调节情绪；三是要有开放包容的心态，乐于接受新事物、新经验，切实提升计划、组织和调整目标的能力。

总之，成功的自我探索是形成健全人格的必由之路，大学生应当在树立正确价值观的基础上，对自己有积极、恰当和清晰的评价，努力形成自尊、自信、自立等优秀品质，成为积极向上的、幸福的进取者。

三、积极心理学对大学生人格形成的影响

首先，积极心理学强调个体的积极品质和力量，如自尊、自信、乐观、勇气、爱、宽容等，这些品质和力量对大学生的人格形成具有重要的影响。通过积极心理学的引导，大学生可以更好地认识自己，发掘自己的潜力，增强自我效能感，从而形成健康、积极、乐观的人格。

其次，积极心理学提倡积极的情绪体验和人际互动。在大学生活中，积极的情绪体验可以增强大学生的幸福感和满足感，提高他们的学习效率和生活质量。同时，人际互动也是大学生人格形成的重要因素，积极心理学提倡建立良好的人际关系，增强大学生的社交能力和情感支持，从而促进他们的人格健康发展。

最后，积极心理学强调个体的自我成长和自我实现。大学生正处于自我成长和自我实现的阶段，积极心理学可以帮助他们树立正确的人生观和价值观，培养他们的创新精神和创造力，从而更好地实现自我价值。

四、积极心理学视域下培养大学生健全人格的路径

在当今社会，大学生作为社会的重要组成部分，帮助他们培养健全人格显得尤为重要。积极心理学作为一个新兴的研究领域，强调积极、乐观、向上的心态，对于大学生健全人格的培养具有重要意义。笔者将从营造积极的校园文化氛围、开展积极的心理健康教育、引导大学生树立正确的人生观和价值观、

培养大学生的积极情绪和自我调节能力四个方面，探讨积极心理学视域下大学生健全人格培养的路径。

（一）营造积极的校园文化氛围

校园文化氛围是大学生成长的重要环境，积极、健康、向上的校园文化氛围能够激发大学生的积极情绪和自我调节能力，培养他们的健全人格。一方面，学校应该注重校园环境的建设，营造一个优美、整洁、舒适的学习环境。另一方面，学校应该加强校园文化建设，开展丰富多彩的校园文化活动，如学术讲座、文艺比赛、体育活动等，让大学生在参与活动的过程中，感受到校园文化的积极氛围，增强他们的自信心和自尊心。

（二）开展积极的心理健康教育

心理健康教育是培养大学生健全人格的重要途径之一。学校应该建立健全的心理健康教育体系，开展积极的心理健康教育。首先，学校应该加强心理健康教育的宣传工作，让大学生了解心理健康的重要性，增强他们的自我保健意识。其次，学校应该建立专业的心理健康教育队伍，为大学生提供专业的心理健康咨询服务。最后，学校还可以通过开设心理健康教育课程、举办心理健康讲座等形式，帮助大学生掌握心理健康知识，提高他们的心理素质。

（三）引导大学生树立正确的人生观和价值观

人生观和价值观是大学生健全人格培养的重要内容之一。学校应该注重引导大学生树立正确的人生观和价值观，引导他们形成积极向上的人生态度。一方面，学校应该加强对大学生的思想教育，引导他们树立正确的世界观、人生观和价值观。另一方面，学校应该注重大学生的情感教育，引导他们形成并维持健康的情感状态，增强他们的情感调节能力。此外，学校还可以通过开展德育课程、举办主题教育等形式，帮助大学生了解社会现实和人生价值的重要性，增强他们的社会责任感和使命感。

（四）培养大学生的积极情绪和自我调节能力

积极情绪和自我调节能力是大学生健全人格培养的重要方面。学校应该注重培养大学生的积极情绪和自我调节能力，帮助他们形成健康的人格特质。一方面，学校应该注重大学生的情感教育，引导他们学会理性表达自己的情感，增强他们的情感交流能力。另一方面，学校应该提供情感支持系统，建立情感交流平台，让大学生在遇到情感问题时能够得到及时的帮助和支持。此外，学校还可以通过组织团队训练、心理辅导等形式，帮助大学生学会自我调节情绪的方法，增强他们的自我控制能力和自信心。

第二节 积极心理学视域下大学生自我意识塑造

一、自我意识概述

（一）自我意识的概念

自我意识是指人们在意识中觉察自己心理或行为的过程，也是一个人在意识活动中，把自己变成客体、作为对象去认识的过程。

（二）自我意识的发展

个体的自我意识不是与生俱来的。首先是对外部世界、对他人有了认识，然后才逐步认识自己。自我意识是在与他人交往的过程中，个体根据他人对自己的看法和评价而发展起来的。这个过程贯穿人的一生。自我意识的发展大概有以下三个阶段。

1. 自我中心期（生理自我）

人刚出生时，没有自我意识，物我不分；七八个月龄时，才出现自我意识的萌芽；2岁左右的幼童，掌握第一人称"我"的使用；3岁左右的儿童，自我意识有了新的发展，开始出现羞耻感、占有心，其行为是一种以自己的身体为中心，以自己的想法和情感来认识和投射外部世界，因而心理学家把这个时期称为自我意识的"自我中心期"。

2. 客观化时期（社会自我）

从3岁到青春期这段时期，是个体受社会文化影响最深的时期。个体在幼儿园、学校中，通过游戏、活动、学习，逐渐形成各种角色观念。在社会生活中学习承担社会角色，是个体获得社会自我的时期。

在青春期以前，个体的眼光是向外的，引起其兴趣和注意的主要是外部世界，个体并不关注自己的内心世界。个体虽然已经意识到自己是一个主体，能够充分认识到自己的行为，但并不了解自己的心理状况。在认识外部世界时，个体还不善于用自己的眼睛去观察、用自己的头脑去思考，而主要是从别人的观点中认识事物和他人，对自己的认识也是服从于权威或同伴的评价。心理学家把这个时期称为自我意识的"客观化时期"。

3. 主观化时期（心理自我）

进入青春期后，个体自我意识经过分化、矛盾、统一进而趋于成熟，个体开始清晰地意识到自己的内心世界，开始有明确的价值探索和追求，强烈要求独立，从而产生了自我塑造、自我教育的紧迫感和实现自我目标的内驱力。个体的世界观、人生观、价值观的形成是自我意识成熟的标志。

二、积极心理学对大学生自我意识的影响

积极心理学是近年来兴起的一种心理学思潮，它强调以积极的心态来研究人类的心理过程和行为，关注人类的积极品质，激发人类的内在潜力。在大学生自我意识塑造的过程中，积极心理学的影响主要体现在以下三个方面。

（一）增强自我认知

积极心理学主张从正面的积极心理品质出发来研究人的心理现象，它强调人的积极层面，关注人的内在和外在的积极力量，从而提升人的整体生命状态。在大学生中开展积极心理学健康教育，对增强他们的自我认知有着深远的影响。

一方面，积极心理学倡导个体要关注自身的积极力量，这些力量存在于个体内部和外部环境中。因此，大学生应该积极地发现并挖掘自身的优点和长处，提升自我评价的准确性和全面性。例如，当他们发现自己能够积极地面对困难，勇于尝试新事物时，他们就能更全面地认识自己，并认识到这些特质正是他们成长和发展的关键因素。

另一方面，积极心理学提倡用积极的眼光看待自我发展。积极心理学鼓励大学生将注意力放在自身的发展上，而不是只关注自身的不足和缺陷。通过积极心理学健康教育，大学生可以更好地了解自己的成长过程，从而增强自我认知的深度和广度。

（二）培养积极的情感

积极心理学不仅关注个体的优点和长处，还强调培养积极的情感。对于大学生来说，这种积极情感的塑造不仅可以提升他们的幸福感，也能促进他们的学习和生活。

一方面，积极心理学鼓励个体对生活的热爱和对美好事物的欣赏。通过欣赏生活的美好，大学生可以体验到积极的情绪，这种情绪反过来又能帮助他们更好地理解自我和生活。这种正面的反馈机制将有助于他们形成稳定的情感状态，进而提高他们的生活质量。

另一方面，积极心理学还强调人际关系对个体情感的重要性。积极心理学认为个体可以通过建立良好的人际关系来培养积极的情感。在大学阶段，大学生需要面对许多人际关系的挑战，包括与同学、老师、朋友等的互动。积极心理学倡导建立积极的人际关系，包括接纳自我、欣赏他人和形成有效的沟通机制，这将有助于个体提高情绪调节能力和情感满足感。

（三）提升自信心

积极心理学强调自信心的提升是增强个体自尊、推动个体发展和促进个体心理健康的关键因素。通过运用积极心理学的方法，大学生可以提高自我认识、增强积极的情感体验，从而提升自信心。

一方面，通过提高对自身积极面的认知，大学生可以逐渐发展出对自我的认同和信任。当他们发现自己有勇气面对困难、勇于尝试新事物时，他们就能更好地认识到自己的能力，进而提升自信心。此外，积极的情感体验也可以帮助他们建立对自己的信任感，当他们感到快乐、满足和有成就感时，就会更加相信自己的能力和价值。

另一方面，积极心理学提倡通过改变思维方式来提升自信心。积极心理学鼓励个体以乐观、积极的态度看待问题，而不是被负面的想法困扰。这种思维方式的变化可以帮助大学生更好地应对挑战和困难，从而增强他们的自信心。

综上所述，积极心理学对大学生自我意识的影响积极而深远。它通过增强自我认知、培养积极的情感和提升自信心等方式，帮助大学生更好地了解自己、应对挑战和享受生活。因此，我们应该在大学教育中推广和应用积极心理学，以促进大学生的心理健康和全面发展。

三、积极自我意识的标准

积极的自我意识对人的心理健康起着重要作用，能促进健康人格的形成和发展。积极的自我意识有以下标准：第一，一个有良好自我意识的人是一个有自我认知的人，他不仅了解自己的优点，还了解自己的缺点，能够正确地评价自己和自我发展；第二，一个有良好自我意识的人是一个协调自我意识、自我体验和自我控制的人；第三，一个有良好自我意识的人是一个积极的、自我肯定的、独立的、与外界保持一致的人；第四，一个有良好自我意识的人是一个把理想自我和现实自我结合起来的人，他具有积极的目标意识和反省意识，具有适当的侵略性和无限的意志力。大学生的积极自我意识主要体现在以下四个方面。

1. 自我认知。具有自我意识能力的大学生，具备自我认知能力，了解自己的优点和缺点，能够正确、独立地评价自己。

2. 综合自我意识。具有良好自我意识的大学生是自我意识、自我体验和自我控制相协调的人。

3. 自我肯定。具有良好自我意识的大学生是积极自我肯定和积极内省的人。

4. 理想自我和现实自我相统一。具有良好自我意识的大学生是理想自我和现实自我的统一者，他们有积极的目标感，积极主动，永不停息。

四、积极心理学视域下大学生积极自我意识的塑造路径

在当前的社会背景下，大学生面临着前所未有的机遇和挑战。积极心理学作为一个新兴的研究领域，为大学生积极自我意识的塑造提供了一条新的路径。

（一）正确认识自我

正确认识自己，意味着一个人对自己的认识应该符合这个人的实际情况。它包括两层含义：一是正确、全面地认识自己具体的特点和优势；二是正确地认识自我与社会、个人与集体、宏观和微观的关系。认识到个人成长不能与集体和社会分离，自我生命的价值主要在于对社会的最大贡献。

人总是在变化和发展的。因此，我们需要不断地更新和提高对自己的认识，

以使自己更好、更完美。要正确认识自己，就必须以全面和发展的观点来对待自己。

1. 要充分了解自己，不仅要认清外表、行为、举止、言语等外在形象，还要认清自己的内在素质，如知识、心理、道德、能力等。一个人的美应该是外在美与内在美的和谐统一，内在美对外在美起促进作用。

2. 要充分了解自己，我们不仅要看到自己的长处和优势，还要看到自己的缺点和短板。因为我们每个人在外在形象和内在品质方面都有自己的优点和缺点，也就是所谓的"没有人是完美的"。我们应该更加关注自己的优势，并欣赏自己，因为只有先仰望自己才能正确认识自己。但是，如果我们只看到自己的优点，那么当我们利用自己的优势与他人的弱点进行比较时，我们就会自满、傲慢、停滞，甚至倒退。

同时，要学会从发展的角度审视自己，及时发现自己新的优势和不足，努力把劣势转化为优势，不断地消除自己的不足，不断地提高自己。

（二）诚心接纳自我

自我接纳是发展健康的自我体验的关键和核心。具体而言，积极的自我接纳可以从以下两个方面开始。

1. 接纳自己，喜欢自己

接受自己，欣赏自己，感受自身的独特，对自己有价值感、自豪感、愉悦感和满足感。北宋思想家、政治家、文学家王安石曾说："能使人知己、爱己者，未有不能知人、爱人者也。"看到自己的闪光点，内在的能量被挖掘出来，个体才具有存在的价值。体验自己的独特性，并在此基础上体验价值感、快乐感、愉悦感和满足感。

2. 热爱你的身体

接受自己从喜欢自己的身体开始。你可能没有漂亮的脸蛋和完美的身材，但这就是你的本体，不喜欢它意味着你不接受自己。不要被他人左右。

（三）合理控制自我

为了学会有效地控制自己，我们必须从合理地调节自己的态度入手。以下五个方面是心理学家总结的要点。

1. 加强意识修养

在某种程度上，人们的自我控制取决于他们的意识形态品质。一般来说，有远大理想和抱负的人一般不会因为对琐碎事情的情感冲动而失去自我控制。因此，提高自我控制的最根本途径是树立正确的世界观和人生观，保持乐观、健康的心态。

2. 培养文化素养

一般来说，一个人的文化素养与其耐力和自控能力成正比。文化素养较高的人往往对自身与他人的关系、自我管理和自我提升有更全面的认识。

3. 学会情绪管理

通过合理发泄、注意力转移、环境转移等方法来释放会引起冲动的情绪，保持情绪稳定，避免冲动。

4. 掌握调控自我意识

我们应该冷静下来，用我们的大脑，消除外部干扰或暗示，并学会做出独立的决定。我们要学会摆脱对他人的依赖，克服自卑，培养自信和独立的自我意识。

（四）培养积极的情绪体验

情绪是人类最基本的体验之一，积极情绪体验能够促进个体的积极发展，提高个体的心理韧性。对大学生来说，积极的情绪体验能够增强他们的自信心、自尊心和幸福感，帮助他们更好地应对学习和生活中的各种挑战。因此，培养积极的情绪体验是塑造大学生积极自我意识的重要路径之一。

1. 学会放松和调节情绪

大学生应该学会一些放松和调节情绪的方法，如深呼吸、冥想、运动等，这些方法可以帮助大学生缓解压力，增强自我控制能力，从而更好地应对生活中的各种挑战。

2. 培养积极的心态

积极的心态是指个体对周围环境持有乐观、积极的态度。大学生应该学会欣赏自己的优点和长处，树立自信心和自尊心，同时也要学会宽容和理解他人，建立良好的人际关系。

3. 参加有益的活动

参加有益的活动能够增强大学生的积极情绪体验，如参加志愿者活动、社团活动、体育运动等。这些活动不仅可以丰富大学生的生活经验，还能够增强他们的团队合作能力和人际交往能力。

（五）培养积极的思维方式

积极的思维方式是指个体用乐观、积极的态度看待问题，善于发现事物的光明面，并能采取有效的措施解决问题。对大学生来说，培养积极的思维方式不仅能够增强他们的自信心和自尊心，还能够提高他们的思维敏捷性和创新性。

1. 培养正确的自我认知

大学生应该正确认识自己的优点和缺点，并学会调整自己的思维方式，积极应对生活中的各种挑战。同时，大学生应该学会尊重他人，理解他人的想法和感受，建立良好的人际关系。

2. 学会理性思考

理性思考指个体在面对问题时能够保持冷静、客观的态度，从多个角度分析问题，并采取有效的措施来解决问题。大学生应该学会分析问题的本质和根源，并采取适当的措施来解决问题。

3. 建立积极的思维模式

积极的思维模式是指个体在面对问题时能够保持乐观、积极的态度，相信自己的能力和潜力，并采取有效的措施来克服困难。大学生应该学会调整自己的思维模式，积极面对生活中的各种挑战。

（六）建立良好的人际关系

人际关系是指个体与他人之间在情感、认知和行为方面形成的互动关系。良好的人际关系能够增强个体的归属感和安全感，提高个体的社交能力和心理健康水平。对大学生来说，建立良好的人际关系是塑造积极自我意识的重要路径之一。

1. 保持开放、宽容的交往态度

大学生应该保持开放、宽容的交往态度，尊重他人的想法和感受，避免伤

害他人的感情和利益。同时，大学生应该学会理性表达自己的想法和感受，与他人建立良好的沟通渠道。

2. 积极参与社交活动

大学生应该积极参加各种社交活动，如社团活动、聚会等，这些活动能够增强他们的社交能力。同时，大学生也应该在社交活动中保持自信，建立良好的人际关系。

总之，积极心理学对大学生积极自我意识的建立具有重要的影响，通过培养积极的情绪体验、积极的思维方式及建立良好的人际关系等途径，可以帮助大学生更好地塑造自我意识。同时，学校和家庭也应该给予支持和引导，为大学生提供良好的成长环境。

第三章

积极心理学视域下大学生的时间管理与情绪管理

第一节 积极心理学视域下大学生的时间管理

一、时间与时间管理

（一）时间的特性

时间，这个看似平常却无比珍贵的元素，具有一些与众不同的特性。了解这些特性能使我们更加深刻地理解时间的价值，也更加珍惜每一刻的时间。

1. 供给毫无弹性

时间的供给是毫无弹性的，它均匀地、无差别地分配给每一个人。不论你是什么身份、什么地位，时间每天都是 24 小时，不多也不少。我们不能改变时间的基本特性，也不能随意增加或减少时间的数量，这就是时间的公平性。

2. 无法积蓄

时间无法像财物一样积蓄。过去的时间永远消逝，无法找回。时间是一去不复返的资源，我们不能像储蓄金钱那样储蓄时间。因此，每一刻的时间都必须被珍惜和合理利用。

3. 无法取代

时间无法被其他事物取代。无论是金钱、物质还是其他任何东西，都无法代替时间。时间的流逝是不可逆的。因此，我们应该更加珍惜时间，尽可能地利用好每一刻时间。

4. 无法失而复得

时间一旦流逝，就再也回不来。我们失去时间后，无法再重新拥有它。时间的这一特性让我们更加珍惜现在，因为过去的时间永远无法找回。

综上所述，时间的这些特性让我们更加深刻地认识到时间的珍贵和不可逆性。我们应该更加珍惜时间，合理利用时间，让每一刻都变得有意义。

（二）时间管理

1. 时间的分配

西方统计学家指出，假如一个人的寿命为 60 岁，那么他总共有 21 900 天。一生时间的用途分别为：睡眠 20 年（7 300 天）；吃饭 6 年（2 190 天）；穿衣和梳洗 5 年（1 825 天）；上下班通勤和旅行 5 年（1 825 天）；娱乐 8 年（2 920 天）；生病 3 年（1 095 天）；等待 3 年（1 095 天）；打电话 1 年（365 天）；照镜子 70 天；擤鼻涕 10 天，最后，只余下 8 年加 285 天用来做事情。

这个统计是否准确姑且不论，却提醒我们注意这样一个事实：人生看似漫长，但可以做事情的时间很短。所以对大学生来说，大学期间用来有效学习的时间并不多。因此，要想充分提高和全面发展自己的能力，就必须学会科学地管理时间。

2. 时间管理的含义

时间管理是指在充分认识时间的性质和价值的基础上，通过事先规划和运用一定的技巧、方法与工具，实现对时间的灵活、有效运用，从而实现个人或组织的既定目标。

相较于中学生活，大学生活更自由，这种自由很大程度上体现在对时间的安排上。除了上课之外，大学生会有一部分课余时间。面对这些时间，有的学生安排得合理得当、科学有序，有的学生却浑浑噩噩、放任自流。学会时间管理会让学习更有效，从而获得事半功倍的效果。

（三）时间管理的方法

1. 时间象限法

美国管理学家斯蒂芬·科维（Stephen Covey）依据紧急和重要两个维度将任务工作进行了划分，提出了时间管理四象限法。他认为工作一般可以分为既紧急又重要、重要但不紧急、紧急但不重要、既不紧急也不重要四种。在实际行动中，我们应该首先做既紧急又重要的事情，如复习功课、准备次日的考试；其次做重要但不紧急的事情，如准备下学期竞选学生干部；再次做紧急但不重要的事情，如阅读次日就要还给图书馆的一本书；最后才做既不紧急也不重要的事，如玩网络游戏。在生活中，我们总会遇到一些突发状况或需要着急解决的问题，如果我们把精力放在处理这些事情上，那么我们的时间管理效果一定不理想。成功者往往是花费更多的时间做最重要的事情，而不是最紧急的事情。

时间管理四象限法的出发点，在于帮助我们学会处理事情的优先次序，先考虑事情的"轻重"，再考虑事情的"缓急"。

（1）第一象限。第一象限包含的是一些紧急又重要的事情，这一类的事情具有时间的紧迫性和影响的重大性，无法回避也不能拖延，必须首先处理、优先解决。

（2）第二象限。第二象限不同于第一象限，这一象限的事情不具有时间上的紧迫性，但是具有重大的影响，对个人的存在和发展及周围环境的建立和维护，都具有重要的意义。

（3）第三象限。第三象限包含的事情是那些紧急但不重要的事情，因此这一象限的事件具有很大的欺骗性。很多人在认识上有误区，认为紧急的事情都很重要，实际上，像无谓的电话、附和别人期望的事、打麻将"三缺一"等事情都并不重要，但这些不重要的事情往往因为它紧急，就会占据人们很多宝贵的时间。

（4）第四象限。第四象限的事情大多是一些琐碎的杂事，既没有时间上的紧迫性，也没有影响上的重大性。

在面对很多事情时，大学生要学会分清轻重缓急，学会筛选。对实现远期目标和近期目标没有积极意义的事情、放弃它不会出现不良后果的事情应该果断予以淘汰，这样可以杜绝空忙、白忙，把时间用在有意义、有价值的事情上。

有的时候我们往往会使用"紧急优先"的处理方法，事情的急迫性让我们产生了"这件事很重要"的错觉，自以为在做一些重要的事情，实际上可能只是在做一些满足他人期望却对自身无益的事情。比如小亮去帮室友取外卖，看似紧急，其实可能是他中断自己的学习而去做了一件没有太大价值的事情。

重要但不紧急的事情往往是一些长期的规划安排，短期来看暂时先搁置影响不大，但是如果长期拖着不做，就会使这些事情变得既紧急又重要。比如在学期开始时，就应该做好学习规划，每天完成一些学习任务。虽然一时拖延症犯了不去看书在短期内没有太大危害，但最后在考前就必须突击复习。紧急又重要的事情往往是由此转化而来的，因此重要但不紧急一类的事情应该尽早作出安排和处理，以减少不必要的慌乱。总之，我们在安排时间的时候要遵循要事优先的原则。确定了自己最重要的事情，不管它是否急迫，都要主动处理。只有这样，才能游刃有余地安排自己的学习和生活。

2. 帕累托原则

帕累托原则是由19世纪意大利著名经济学家维弗雷多·帕累托（Vilfredo Pareto）提出的，又称"二八定律"，其核心内容是少数因素（20％）会对大部分结果产生很大的影响，而大部分因素（80％）只对结果产生很小的影响。如20％的人成功，80％的人不成功；20％的人正面思考，80％的人负面思考；20％的人做事业，80％的人做事情；20％的人有人生目标，80％的人爱瞎想；20％的人在问题中找答案，80％的人在答案中找问题；20％的人放眼长远，80％的人只顾眼前；20％的人把握机会，80％的人错失机会；20％的人计划未来，80％的人早上起来才想今天要干什么；在一个国家的医疗体系中，20％的人口与20％的疾病，会消耗80％的医疗资源……帕累托原则告诉我们：把80％的资源花在能出关键效益的20％的方面，这20％的方面又能带动其余80％的发展。具体来说，在生活中运用"二八定律"首先要设定目标，其次要制订计划，制订计划的时候要鼓励特殊表现，而非赞美全面的平均努力；要寻求捷径，而非全程参与；要选择性寻找，而非巨细无遗地观察；要在几件事情上追求卓越，而不必事事都有好表现；不必苦苦追求所有机会，而要把握重点机会，最后要在开始行动以后，能够坚持下去。

3. 莫法特休息法

如果把人比作一块电池，那么休息就相当于为电池充电。有效的休息就像闪充一样，休息五分钟，工作两小时。它能让你全身心放松，以最快的速度尽可能多地恢复精力，为下一个阶段的工作做准备。当睡眠不起作用时，一个有效的休息方法更显得至关重要，它就是莫法特（Moffat）休息法。

（1）莫法特休息法的运用模式

①抽象与形象交替。人类的左右脑各有侧重，左脑决定人的逻辑思维，即理性的一面。而右脑倾向于艺术思维，即感性的一面。针对左右脑负责类型的不同，有针对性地进行工作和休息。

②活动与安静交替。在学习中如果始终以一种姿势坐着，时间久了容易感到疲劳，这时我们可以通过改变坐姿、变换学习的环境等进行交替。

③体力与脑力交替。在学习时，如果感到疲倦，可以放下手头的学习任务，到户外散散步或慢跑十分钟。经常进行户外的有氧运动，不仅可以增强我们的体质，而且对提高工作效率大有好处。

④用眼与用耳交替。如果看书看累了，可以通过听音频的方式继续收听相关主题的知识，这样既不耽误学习，还可以让眼睛和耳朵都及时得到休息。

⑤学习和娱乐交替。工作、学习必须有张有弛，才能持之以恒，坚持下去。那种暴风雨式的工作方式，是不可能持久的。在紧张的学习间隙，我们可以看看电影、听听轻音乐，放松紧张的大脑皮层，松弛神经，消除疲劳。

（2）莫法特休息法注意事项

①主次事情的时间分配。重要的事情多分配时间，如果把时间过多地分配在次要事情上，将会浪费我们的时间，降低时间的利用效率。

②每天设置的任务不要太多，最好每天集中做两三件事情。每个连续区间内一定要集中注意力，高效地学习、工作。很多人有不好的习惯，比如同一个时间段内想做太多的事，结果是什么事情都做不好。

无论运用何种模式，莫法特休息法的最终目的都是确保学习效果最佳，因此每隔一段时间，我们可以改变一下学习的内容和学习环境，做到劳逸结合，让学习与休闲娱乐活动有效地结合起来。通过这种转换，可以把时间高效地利用起来，而学习效率也会不断提高。

（四）六点优先工作制

六点优先工作制是一种管理策略，旨在通过明确列出一天中最重要的事项，并根据其紧急性和重要性进行分类，从而提高工作效率和质量。在我们的日常生活中，时间管理是一个有效的策略。为了更有效地利用时间，许多人采用了六点优先工作制。六点优先工作制这种方法可以帮助我们更有效地完成任务，提高工作效率，并确保我们专注于最重要的事情。以下是应用六点优先工作制的一些步骤。

1. 列出待办事项

首先，明确我们需要完成的任务。这可能包括列出当天或一周的待办事项，或者将长期目标分解为短期任务。无论形式如何，明确的任务列表可以帮助我们了解需要完成的任务，并据此分配时间和精力。

2. 确定最重要的事项

当列出所有的任务后，我们需要确定最重要的事项。这些事项通常是需要最先完成或对结果影响最大的任务。当我们面对多个任务时，明确优先级可以让我们更好地做出时间规划。

3. 紧急性和重要性的划分

紧急的任务可能会打断我们的工作流程，而重要的任务则决定了我们的长期成果。因此，需要将任务按照紧急性和重要性进行划分，以便我们能够优先处理那些重要但不紧急的任务。

4. 安排工作时间

根据任务的紧急性和重要性，我们可以将它们分配到不同的时间段。例如，我们可以将紧急且重要的任务安排在上午，以便我们有足够的时间处理它们。我们也可以为每个任务评估预计完成的时间，以帮助我们跟踪进度。

5. 跟踪和管理

在工作中，我们需要跟踪工作的进度并管理资源。我们可以通过设定实际完成时间，定期检查进度、资源使用情况来做到这一点。一旦我们开始感觉到压力过大，就需要调整我们的工作优先级或分配更多的时间给某个任务。

6. 反馈和整理

最后，我们需要定期反馈和整理工作成果。这包括回顾进度、评估效率、识别需要改进的地方，以及整理经验和教训，以便我们在未来能更好地应用这些知识。

通过应用六点优先工作制，我们可以更有效地管理时间和任务，提高我们的工作效率，并确保我们专注于最重要的事情。这种方法需要我们不断地跟踪和管理进度，反馈和整理成果，但它的回报是值得的——更高效地工作和取得更好的成果。

制作六点优先工作制表格需要注意以下四点。

（1）注意要事第一，把最有效的时间放在最重要的事情上。

（2）将计划要做的事情分为紧急、重要、不重要、不紧急四种，紧急的事情写在最前面，不紧急的事情放在后面，做好计划，安排好时间，不要随便改变自己的计划，最好提前一天按六点优先工作制把列表写好。

（3）将一天的事情按轻重缓急排序，把最重要的六件事情写进六点优先工作制列表中。因为时间是有限的，事情总是做不完的，所以我们总是感觉很忙，没有时间，但只要能管理好我们的时间，时间就像海绵里的水，总是挤得出来的。

（4）标准格式，就是标准流程。时间一久，当你翻开你的六点优先工作制的笔记本时，往事历历在目，任何人都知道你过去做了什么，未来要做什么。在"完成度"栏打"√"或"×"，并在表格下面简要写明原因。

（五）巧用生物钟时段学习法

我们每个人的体内都有一座无形的时钟，它让我们的生命活动具有一定的节律性。有关研究指出，如果人们能够按照生物钟来安排一天、一周、一个月的作息时间，不仅能提高工作效率和学习成绩，而且会减轻疲劳。生物钟时段学习法是根据人在一天内的生理和心理状态设计的。如果感觉自己学习的效率不高，可以试试生物钟时段学习法，相信会有事半功倍的效果。

二、大学生管理时间的方法

（一）合理管理娱乐时间

工作学习应该张弛有道。如果没有放松的时间，一直投入紧张的学习，就会感觉到疲惫、消极。手机已经成了我们生活的一部分，如果一天没有带手机，会有什么感觉？可能很多人会焦虑不安。想要从对手机的依赖转变为完全不碰手机是很难做到的，但我们可以合理规划满足的尺度，可以将玩手机作为一个阶段学习后的放松环节。在满足自己之前，需要等待和高效地完成学习任务。

自控并不意味着完全不满足自己的需求，而是在恰当的时候用恰当的方式去满足。

美国心理学家沃尔特·米歇尔（Walter Mischel）提出了延迟满足的概念，即一种甘愿为更有价值的长远结果而放弃即时满足的抉择取向，以及在等待期中展示的自我控制能力。在半天的学习中，可以试着先给自己设定一个较短的时间段，如9点30分到10点的半小时作为娱乐时间，其余时间为学习时间。再给自己设置一个基本学习任务，如完成两个章节的复习。完成基本学习任务之后，就可以在娱乐时间段玩手机。一旦超量完成基本任务，如完成了三个章节的复习，则可以奖励自己增加半小时的娱乐时间。在这个过程中，规定时间段是非常重要的一步，很多时间浪费就是因为原本说好的5分钟娱乐时间玩着玩着变成了半小时，因此必须给娱乐时间设置明确的前后节点。

（二）转移注意力，从现实生活中满足心理需求

心理学家提出过一个说法，智能手机是成年人的安抚奶嘴，其意在表明手机能为我们带来安全感，手机能使我们最便捷、最简单地获得一些满足。刷朋友圈让我们建立了人与人之间的联系，满足了我们社交的需要，避免了孤独感；网上丰富的资源让我们获取了许多新的信息，避免了无聊造成的焦虑感；音乐给我们以感官刺激；游戏提供我们即时的正向反馈，打中目标立刻有对应音效并显示得分，使我们一直处在成功的充实状态中，避免了焦虑感。手机提供了一个最简便的方式，帮助我们满足社交、刺激感官和获得奖励的需要，于是许多人不愿意再采用那些相对较难的方式，如线下见面聊天建立稳定人际关系、争取学业和事业获得成就感等，手机带给我们的满足感削减了现实生活中行动的想法。

因此，要降低对手机的使用，就需要增加大学生在现实生活中满足自己心理需求的能力。例如，进行人际交往训练，以提高大学生的社交能力；降低大学生们获得满足感的门槛，提供丰富的业余活动、宽松包容的社交环境、更容易体验成功的评价和考核方式等，这些都会让大学生们更愿意将精力投入现实生活。

（三）遵循生物钟时段规律

要学会总结和分析，将最重要的学习任务放到学习效率最高的时间段去完成。

（四）对事情的轻重缓急进行区分，采用有意忽略的方法

对没有意义的事情采取有意忽略的方式，在罗列的事项中将之删除。对其

他事件，要按照时间管理策略来安排先后顺序。

（五）避免追求完美，减少拖延行为

有时我们面对一项学习任务却迟迟不肯开始行动，主要原因是总觉得自己还没准备好，自己觉得还不够满意。这种追求完美的心理，会让我们变得拖延，所以不要一味地追求完美，而是要学会追求办事的效率。如果要完成一个小作业，那么请先安心坐下，然后至少写出一个段落，不管是否完美，只要能有这个开始，后面的事情自然水到渠成。

（六）学会任务分解的方法

如果面对的是一件比较困难的事情，自己不太想做，这个时候可以将这件事情细分为若干很小的部分，先做其中一小部分就可以；或者先就其中最主要的部分做 15 分钟，逐渐积少成多。

（七）学会对学习的情况进行详细记录

对学习的情况进行详细记录，有助于分析自己的时间使用情况。从详细记录中，可以看出自己的每项学习用了多少时间，自己的学习计划还需要做哪些调整，怎样能让学习更有效率。

三、大学生克服拖延的策略

拖延是指在计划或者实施完成一项工作任务时有目的或者习惯性地推迟，使目标或任务无法按期完成。拖延在大学生中比较常见，需要引起大学生的重视。

"明日复明日，明日何其多？我生待明日，万事成蹉跎。"这首诗描写的其实就是我们常说的"拖延症"。总想着"明天"再做吧，把事情无限地往后推，最后往往什么事都做不成。拖延是在自我调节失败、能够预料后果有害的情况下，仍然把计划要做的事情往后推迟的行为。人们在拖延过程中的心路历程如下：拿到任务并不立即着手做，而是先做很多无关的事情，然后进入恐慌区，接着悔恨地在最后期限到来之前把事情做完，又或者过了最后期限也未完成任务，结束后捶胸顿足地警告自己下次不能再拖延了。

（一）拖延的生理机制

在拖延的过程中，人们会选择回避、轻视或否认任务，转移注意力，向下比较等方式来取得心理平衡。例如，有些学生在开始写作业前选择先打扫寝室，因为"屋子太脏了看不下去"；有些学生在期末考试前去网吧打游戏而不是待在学校复习，就是为了回避与考试复习相关的场景；还有些学生会在拖延的时候安慰自己，"我的室友都还没开始做呢，我比他成绩好，我就更不用着急了。"

很多人把拖延归结为懒、缺乏时间管理能力或目标茫然，但它的背后有复杂的生理机制、认知等因素影响。例如，人们会因为害怕失败而选择拖延，直到考试前才开始复习，那么如果考试成绩不理想，就可以安慰自己：是时间紧迫没有好好复习才导致成绩不好。

完成每一项作业和计划就像游戏中的进度条。设置合理的目标、及时开始、努力坚持都是在执行进度条，但是在执行的过程中，会面对各种诱惑，稍不注意就容易分心，拖慢进度条。本来该是调节完成目标的放松行为，反而让我们延缓了任务完成。那么放松为什么有那么大的吸引力，我们为什么愿意为了眼前的小诱惑而放弃本来完美的计划和长远的收获呢？

1. 奖励承诺系统和多巴胺

现代神经科专家在人的大脑中发现了奖励承诺系统，每当大脑的这个区域受到刺激的时候，就会释放多巴胺，促使人们产生期待：再来一次，这会让你感觉良好！多巴胺这种神经递质，具有强大的魔力，很容易让人们沉迷于一些诱惑，欲罢不能。当人们知道用手机上网就可能收到新消息，下一个视频有可能会让自己捧腹大笑时，就会不停地点击，忘了还有执行进度条这回事。

2. 锻炼自控力

人们总希望通过一些方式来帮助自己抵御诱惑，比如切断网络、卸载游戏、远离寝室等，这些都是自控力在发挥作用。自控力是一种帮助我们在面对诱惑时，稳定心绪、三思而后行的能力。但自控力要抵御的不是外在的诱惑而是内心的冲突，比如当小帅掏出硬币的时候心里非常明白，自己应该努力让硬币立起来，但是大脑不断地在说"我想玩会儿"，这种冲突正是让他失控的关键。如何才能打破这个魔咒，提高自己的自控力呢？

自控力其实更像一种身体生理指标，而不是人格因素，而且每个人都拥有自控力。通过心理学家对孩子进行的棉花糖实验发现，人在四五岁的时候，就拥有延迟满足，以期获得更大的长期收获的能力。但是自控力对大脑来说是一项非常耗能的工作，当大脑感到能量不够时，倾向于在完全失去能量之前关掉自控力而保存实力。我们提高自控力就是要训练自己相信"我还有实力"。长跑运动员都知道在长跑时，当第一次疲惫来临的时候并不是真的疲惫，撑过这次疲劳期之后就能取得新的进步。运动是锻炼自控力最好的方法。一项研究发现，改善心情、缓解压力最有效的锻炼时间是每次5分钟，而不是每次几小时，任何能让你离开椅子5分钟的活动都能提高你的自控力储备。另外，充足的睡眠也能起到类似的效果。在执行进度条的过程中，最佳的方式不是过完全脱离诱惑的生活，而是努力保持身心愉快的生活，加强运动。

（二）拖延背后的原因

拖延对很多人来说就是一场噩梦，让人痛苦又无奈，品尝"明明给自己订好的计划却总是不能完成"的苦涩滋味。

改变拖延，首先就要真正认识到拖延的危害，其次就是采取行动。不同的态度导致人们做事情的效率不一样。如果大学生面对不那么喜欢的学习任务也能马上着手去做，就会大大提高学习效率，并且会渐渐发现学习的乐趣。克服拖延的技巧有以下两点。

1. 认知层面调整。改善拖延应该从调整认知、接纳与自我关怀开始。面对未知的结果，学会接纳自己的负面情绪，以鼓励和原谅替代自我指责。当我们能够接受失败的可能时，拖延的情况就能够得到改善。

2. 行为层面调整。一是设定合理、可行的目标。完成这些可实现的目标，有助于一步步提升自我效能感，增强能力感和掌控感，意识到自己是有能力完成一些事情的，以减少因恐惧、焦虑产生的拖延。二是分解任务。可将一个大的合理可行的目标拆分成若干个小任务，因为更容易实现的小任务能够增强我们实现大目标的信心。同时，分解的任务能够更方便我们设置时间规定，减少拖延。

第二节 积极心理学视域下大学生的情绪管理

一、情绪概述

（一）情绪的内涵

情绪是对一系列主观认知经验的统称，是多种感觉、思想和行为综合产生的心理和生理状态。各种各样的情绪是人们情感表达的不同符号。微笑、哭泣、沮丧、兴奋，这些都是我们所发出的情绪信号。积极的情绪是人成功和进步的动力，而一些消极情绪则会使人心情不畅，甚至导致人出现心理问题和健康问题。

对大学生这一特殊人群来说，他们正处在一个半校园半社会的环境中，由于互联网的出现，人们已经不能把校园与社会彻底分开。大学生在面对学习压力的同时，还应该学会应对人际交往及就业等压力，这就要求大学生学会合理地应对这些压力所引起的负面情绪。下面，笔者将具体阐述情绪的相关内容，为自我情绪的调控提供理论支持与帮助。

（二）情绪的分类

1. 按照情绪的复杂性划分

根据情绪的复杂性，可以将情绪分为基本情绪和复合情绪。基本情绪是指人类最基本、最普遍存在的情绪。这些基本情绪是先天的，都有独特的神经生理机制，是人与动物共有的，如快乐、愤怒、恐惧等。复合情绪是人类特有的一种心理活动，顾名思义，它是由基本情绪组合而成的，大多数复合情绪比较复杂，很难被命名，如爱与依恋等。

2. 按照情绪的状态划分

按照情绪的状态，可以将情绪分为心境、激情和应激。

（1）心境

心境是一种比较微弱而持久的情绪状态。

自然环境的变化、工作的成败、人际关系和谐与否、个人的健康状况等都可能引发某种心境。例如，在生病的时候，人会因为病痛的折磨而产生烦躁的心境；在得知自己考上心仪的大学时，会因为自己的理想得以实现而产生愉悦的心境。心境持续的时间各不相同，这取决于客观刺激的性质和个体的人格特征，短则几个小时甚至几分钟、几秒钟,长则几天、几个月或者更长。

积极乐观的生活态度能使人保持良好的心境,有利于个人更好地应对各种事件,因此要想在工作、学习中提高效率,就要保持积极、乐观的心境。

(2)激情

激情是一种短暂、强烈、具有爆发性的情绪状态。

像欣喜若狂、悲痛欲绝、恐惧万分等通常都是对个体具有重要意义的事件引发的情绪表现。在激情状态下,人的理解力下降,分析能力受到抑制,自我控制能力减弱,甚至失去行为控制力。同时,激情有积极和消极之分。积极的激情可以使人全身心地投入某一事件并顺利完成;消极的激情则会产生一些危害性的后果。

例如,在奥运会的赛场上,运动员会充分调动激情,激发个人潜能,赛出好成绩;也有人因为控制不好情绪,在愤怒情绪的驱使下一时性起,做出一些不理智的,甚至是破坏性的行为。

(3)应激

应激是一种由出乎意料的环境刺激所引发的高度紧张的情绪状态。

突如其来的紧急事故,如火灾、地震、车祸、亲人意外死亡等都会引起人的应激状态。应激状态也有积极和消极之分。积极的应激可以帮助人从容应对突发事件,从而摆脱困境;消极的应激表现为应对突发事件时手忙脚乱,不知所措,难以应对。

有实验证明,应激会引起适应性综合征的发生,并在警觉阶段、阻抗阶段、衰竭阶段出现系列症状。警觉阶段,由于刺激的突然出现,产生情绪的强烈震撼,导致如体温、血压下降,肌肉松弛,个体缺乏适应能力;肾上腺素分泌增加,全身生理功能增强,进行适应性防御。阻抗阶段,全身代谢水平提高,肝脏大量释放血糖,个体生理功能大致恢复正常;但若压力持续增强,机体的适应能力有限,最后进入第三阶段——衰竭阶段,个体适应能力丧失,精疲力竭,陷入崩溃状态。

(三)情绪的表现

1. 心理层面

情绪心理层面的表现包括认知、体验、表情、言语、行为等。其中,最直观的表情是情绪在人身上的外显表现,包括面部表情、身段表情和言语表情。

我们可以通过一个人的表情、手势、姿势等，读懂他的情绪，其中最重要的情绪标志是面部表情。面部表情是指通过眼部肌肉、颜面肌肉和口部肌肉的变化来表现各种情绪状态。

2. 生理层面

情绪生理层面的表现包括心率、血压、呼吸、内分泌等生理变化。从中医的角度来说，五脏的健康状况与我们的情绪有着密不可分的联系，具体为：肺主悲，经常哭泣、落泪的人免不了与肺病有关；心主喜，俗话说"心花怒放"就是这个意思，然而过喜则伤心；肝主怒，人在非常生气时常常感到左右两侧肋会隐隐作痛，这就是怒伤肝的表现；脾主思，思虑过多则伤脾胃，就是经常用脑的人，脾胃功能比较差；肾主惊，人受到过度惊吓会影响肾的生理功能。

二、大学生情绪问题与影响因素

（一）大学生常见情绪问题

有个典型案例：刘珊是某重点大学的一名学生，家庭贫困，从小生活节俭，学习努力，进入大学前成绩一直名列前茅，是老师夸奖、同学羡慕的对象。进入大学后，刘珊发现身边的同学能歌善舞，多才多艺。同寝室六人中，五人来自大城市，她们所谈及的话题自己大多无法参与。从一个偏远的小县城到大城市读书，刘珊觉得一切都很陌生，感觉不知所措。本想通过努力学习，用优异的成绩找回自我，但一个学期下来，刘珊的成绩在班级仅仅是中等。

第二学期，刘珊变得越来越自卑，和舍友之间的交流越来越少，经常独来独往，班级各种评优活动中的得票只有寥寥几票。刘珊渐渐对大学生活失去了兴趣，开始自暴自弃，大二第一学期期末甚至出现了从未有过的挂科问题。

长期的自卑感和压力致使刘珊觉得自己根本不属于这个班级。她开始变得烦躁、焦虑，逃课的情况也频频出现，学习成绩一落千丈，考试挂科门次逐渐增多，最终在大三下学期选择退学。

刘珊的情况在大学校园里并不少见，面对新环境的无所适从，面对新同学的不知所措，这些都会给大学生造成心理压力，从而影响其学习和生活。

对大学生来说，从高中整天沉浸在书海的校园生活到能自我掌控大部分时间的大学生活，从学生到社会人的角色转变，他们不仅要适应学校这个外部环境，还要学会处理人际关系等一系列问题。有的学生能较好地融入新环境，而有的学生难免会有一些负面情绪产生，甚至导致心理问题出现。在大学生中，常见的情绪问题有以下四类。

1. 愤怒

愤怒是一种强烈的情绪反应，它可能源于我们对某种情况的无法接受。大学生在面对学习压力、人际关系问题及自我期望得不到满足时，可能会感到愤怒。愤怒不仅会影响我们的日常生活，还可能引发冲突和争吵。因此，我们需要学习如何管理愤怒，例如通过运动、呼吸练习、放松训练等方式来降低愤怒水平。

2. 嫉妒

嫉妒是一种缺乏自信和对他人成就的不满情绪。大学生常常会跟他人进行比较，当看到他人的成功和成就时，可能会感到嫉妒。这种情绪可能会导致自卑和自我怀疑，进一步影响自信和自尊。我们需要认识嫉妒的负面影响，尝试去理解和接受他人的成功，并寻求帮助去解决自身的问题，比如与朋友、家人或专业的心理咨询师交流，以及学习新的技能或者尝试新的活动等。

3. 焦虑

焦虑是一种常见的情绪困扰，它通常表现为对未知事物的恐惧，对失败的担忧，以及对自我价值的怀疑。大学生常常面临新的环境、新的挑战和新的期望，这些因素都可能导致他们焦虑。此外，学习压力、人际关系问题、未来职业规划的不确定性等也可能引发焦虑。对于焦虑的处理，我们可以采取一些方法，如进行适当的运动、与朋友或家人交流、寻求心理咨询等。

4. 抑郁

抑郁是一种长期的情绪低落，它可能会影响一个人的日常生活。大学生在面对学业压力、人际关系压力及自我期望的压力时，可能会出现抑郁。此外，一些大学生可能会因为孤独感、缺乏自我价值感或者对未来迷茫而抑郁。对于抑郁的处理，我们需要认识到它的存在，寻求专业的心理咨询，并尝试改变消极的思维模式。

总结起来，大学生常见的情绪问题包括愤怒、嫉妒、焦虑和抑郁。这些问题可能会影响大学生的学习和生活，但通过适当的处理和应对，大学生可以克服这些问题并保持心理健康。我们需要认识到这些情绪问题的存在，并采取积极的措施来应对它们，包括寻求专业心理咨询的帮助、改变消极的思维模式、学习如何管理愤怒及培养健康的自我认同感等。在面对这些挑战时，我们需要保持积极的态度和坚定的信念，相信我们有能力克服困难，实现梦想。

（二）大学生情绪的影响因素

1. 内部因素

（1）对自我的消极看法

进入大学之后，大学生的自我评价不再局限于学习成绩，还有人际关系等多方面因素。很多学生在中学时成绩优异，一直是老师的关注点、同学的羡慕对象。到了大学之后，人才集聚，原本的辉煌不再，而优越感的缺失容易造成自我的认知偏差。还有些学生对本专业不感兴趣，或者面对新环境无法适应，与同学之间的关系紧张等，都可能导致心理上不良情绪的产生。

针对上述情况，大学生在正确认识自我的同时，还要对他人有正确的认识。看待事物要学会换位思考，多站在对方的立场上考虑问题，不要主观臆断，这样才能不断认识自我、完善自我，从而更加成熟。

（2）对社会的消极看法

择业是大学生必须面对的问题，需要完成从校园到社会的角色与心理的转变。在择业过程中，有些用人单位可能存在不当的性别歧视的情况；若在大学毕业后在一线城市找工作的话，过高的消费可能带来生活压力等。这些都可能导致大学生产生对社会的消极看法，需要大学生注意自我调节。在选择工作的时候，可以适当降低自己的标准。此外，对自身经济状况不是很好的大学生来说，将就业目标转向二、三线城市，也可以降低自己的经济压力，让自己活得更轻松，生活质量也可以有所提高。

（3）对未来的消极看法

有些大学生对未来抱有消极的态度，表现在考研和就业两个方面。不少大学生为了躲避就业压力而选择考研，但考研又不是自己真正所希望的，于是在两者之间陷入不断的纠结之中。

大学生在做选择的时候，最重要的就是了解自己的真实想法。对想要不断深造、提高科研能力的学生来说，考研可以帮助他们更好地实现人生理想。而对那些工作能力较强，更倾向于社交的学生来说，选择就业可以更好地发挥他们的才能，也更有利于自我能力的提高。

2. 外部因素

（1）家庭环境

家庭环境对大学生的情绪有重要影响。家庭氛围的和谐与否、父母的教养方式、家庭经济状况等都会对大学生的情绪产生影响。例如，家庭矛盾、父母离异等负面家庭环境，可能会导致大学生出现焦虑、抑郁等情绪问题。

（2）校园环境

校园环境也是影响大学生情绪的重要因素。学校的学习氛围、教学质量、校园文化等都会影响大学生的情绪状态。学校环境不佳、学习压力过大、课程难度过高、校园安全有问题等，就可能导致大学生出现焦虑、抑郁等情绪问题。

例如，对于刚上大学的小天来说，大学生活是他第一次加入集体生活。小天一直以来都保持着早睡早起的作息习惯，然而现在宿舍的人每天晚上都玩游戏到很晚，而且声音很大很吵。有一次，小天实在忍不住了，就对下铺说："哥们儿，玩游戏声音小点，我要睡觉。"下铺的同学说："你直接睡觉，为什么要限制我呢？"于是就不理睬小天了。后来两人发生了口角，小天一气之下便拿着水果刀，把下铺室友捅了两刀，还好送去医院及时，室友没有生命危险。

集体生活难免会有磕磕绊绊，小天的情况主要是舍友之间的沟通不当引起的。假如小天能耐心地和室友商量，室友或许也能控制自己玩游戏的声音，那么这次争吵就可以避免了。而且，适当的忍让也有利于建立和谐的相处环境。

（3）社会环境

社会环境的影响来自社会需求的变化与大众传媒导向的影响。

①社会需求的变化

大学生所处的社会环境是多元而复杂的，其中社会需求是影响大学生情绪的重要因素。这些需求包括但不限于就业压力、学业期望、人际交往、社会认同等。

随着经济的发展，大学生面临的就业压力越来越大。许多学生为了找到一份理想的工作，必须付出比他人更多的努力，这使他们感到焦虑，甚至产生抑郁情绪。同时，他们对学业的期望与社会现实的差距也容易引发情绪波动。

人际交往也是影响大学生情绪的重要因素。大学生普遍渴望建立良好的人际关系，但有时会因为沟通不畅、价值观差异等而感到受挫。此外，社交媒体的普及使大学生面临更大的社会认同压力，他们需要不断地证明自己，以维持自己在社交网络中的地位。

②大众传媒导向

大众传媒在塑造大学生的情绪中起着关键作用。大众传媒通过各种方式影响大学生的认知、情感和行为,包括但不限于新闻报道、社交媒体、电影、电视剧、音乐和广告等。

大众传媒的内容和形式会对大学生的情绪产生影响。例如,新闻报道中的负面事件可能会引发大学生的焦虑和抑郁情绪,而积极向上的报道则可以帮助他们产生积极的情绪。

社交媒体的使用也会对大学生的情绪产生重要影响。社交媒体给大学生提供了展示自我、获取社会认同的平台,但过度使用可能会引发情绪问题,如社交焦虑、自尊心下降等。

广告也是影响大学生情绪的重要因素。广告通常会通过塑造理想形象和消费欲望来影响大学生的情绪和行为,这可能会导致大学生产生不切实际的期望,进而引发情绪问题。

社会环境对大学生情绪的影响是复杂而深远的。为了帮助大学生应对这些影响,我们需要从社会需求和大众传媒两个角度出发,采取相应的措施。

一方面,我们需要加强职业教育,帮助大学生正确认识就业压力,调整对学业的期望,形成合理的价值观和社会认同观。同时,我们也需要引导大学生正确使用社交媒体,避免过度依赖和盲目追求社会认同。

另一方面,我们需要加强对大众传媒内容的审查和管理,确保其内容积极向上,符合社会主流价值观。同时,我们也需要鼓励和支持优秀的心理健康宣传和教育内容在大众传媒中传播,帮助大学生掌握健康的情绪管理方法。

(三)情绪管理对大学生的意义

对大学生来说,情绪管理是一个不可回避的课题。作为正处于塑造自我、探索人生、追求理想阶段的大学生,他们面临各种挑战和压力,情绪管理显得尤为重要。笔者将从四个方面阐述情绪管理对大学生的意义。

1. 适应环境

这里的环境不仅指外在的校园环境,还包括与人交往的人际环境。新环境难免给人带来压力和紧张感,大学生要学会自我情绪调节,进行情绪疏导,暗示自己能较好地融入新环境,并且以积极的心态投入与他人的交往中,有利于今后的学习与生活。

大学是一个全新的环境，充满了未知和不确定性。从高中到大学，学生的生活方式和学习方式都发生了巨大的变化，很多学生可能会感到不适应。此时，情绪管理就显得尤为重要。通过有效的情绪管理，大学生可以更好地适应新环境，学会独立处理问题，增强自我调节能力，从而更好地应对各种挑战。

2. 自我成长

情绪管理是自我成长的重要一环。大学生在成长过程中，会遇到各种情绪困扰，如烦躁、焦虑、抑郁等。有效的情绪管理可以帮助大学生识别和管理自己的情绪，提高自我认知，增强自我调节能力，从而更好地应对各种困难和挑战，促进自我成长。

大学生活是大学生了解社会的一个窗口，要接触的人和事较之前的学习生活也更为复杂。大学生会面临更多的压力和挑战，学会合理地解压既是一门学问，也是一种难得的经验积累，更是一种成长的历练。

3. 成功阶梯

在追求成功的道路上，情绪管理起着重要作用。情绪管理不仅有助于大学生适应环境、自我成长，更能帮助大学生轻松通往成功之路。一个能够有效管理自己情绪的人，更有可能在面对挫折和困难时保持冷静，更加自信和坚定，从而取得成功。

情绪本身是不分对错的，但是能够将自己的坏情绪克制住，那就比无法控制情绪的人成功了一半。成功需要面对挫折的勇气、面对抉择的判断力、面对失败的承受力，这些都需要对情绪进行有效的管理。所以，一个人情绪管理能力的大小与其能否成功有很大的关系。

4. 有利健康

情绪管理对大学生的健康也有着积极的影响。有效的情绪管理可以帮助大学生更好地应对压力和负面情绪，提高心理健康水平。同时，良好的情绪管理也有助于大学生建立良好的人际关系，增强社交能力，从而促进身心健康。

综上所述，情绪管理对大学生的意义重大。它不仅有助于大学生适应环境、自我成长、通往成功，还有利于大学生的身心健康。因此，大学生应该注重情绪管理，学会识别和管理自己的情绪，从而提高自我调节能力，更好地面对各种挑战和困难。通过有效的情绪管理，大学生可以更好地塑造自我、探索人生、追求梦想，为未来的发展打下坚实的基础。

三、积极心理学对大学生情绪管理的影响

积极心理学强调以积极的态度看待人的潜能和幸福,关注人的积极品质,促进个人和社会的发展。在大学生情绪管理中,积极心理学的影响主要体现在以下三个方面。

(一)增强自我认识

积极心理学认为,自我认识是情绪管理的第一步。大学生应该了解自己的情绪特点,包括积极和消极的方面。通过自我认识,大学生可以更好地理解自己的情绪,从而更好地管理它们。为了增强自我认识,大学生可以尝试使用一些自我评估工具,如情绪日记、情绪卡片等。这些工具可以帮助大学生记录自己的情绪变化,从而更好地了解自己的情绪特点。

(二)培养积极情绪

积极情绪是积极心理学的重要组成部分。积极情绪可以帮助大学生更好地应对困难和挑战,增强自信和自尊。为了培养积极情绪,大学生可以尝试一些积极的生活方式,如运动、阅读、旅行等。这些积极的生活方式可以帮助大学生放松身心,增强幸福感和满足感。此外,大学生还可以尝试一些积极的思维方式和行为方式,如乐观地看待问题、接受挑战、寻找解决问题的方法等。这些方式可以帮助大学生更好地应对困难和挑战,从而增强他们的积极情绪。

(三)增强自我控制能力

自我控制是情绪管理的重要内容之一。大学生应该学会控制自己的情绪,避免冲动和过度反应。为了增强自我控制能力,大学生可以尝试一些自我控制训练的方法,如冥想、练瑜伽等。这些方法可以帮助大学生放松身心,增强自我意识和自我控制能力。此外,大学生还可以尝试一些积极的思维方式和行为方式,如延迟满足、考虑后果、寻找帮助等。这些方式可以帮助大学生更好地控制自己的情绪,避免冲动和过度反应。

总之,积极心理学对大学生情绪管理有着重要的影响。通过增强自我认识、培养积极情绪及增强自我控制能力,大学生可以更好地管理自己的情绪,从而更好地应对生活和学习中的挑战。因此,大学生应该重视积极心理学的调适方法,并将其应用到生活中。同时,学校和社会也应该向大学生提供更多的支持和帮助,

为大学生创造一个更加积极的成长环境。

四、积极心理学视域下大学生情绪管理的路径

当今社会，大学生的情绪管理已经成为一个重要的议题。积极心理学视域下的大学生情绪管理路径，强调积极的心理品质、良好的人际关系、有效的应对机制及积极的思维方式。笔者将从这四个方面探讨大学生情绪管理的路径。

（一）培养积极的心理品质

积极的心理品质是大学生情绪管理的基础。培养积极的心理品质，如乐观、自信、坚韧等，有助于大学生更好地应对生活中的挑战和困难。学校和家庭应注重培养大学生的积极心理品质，鼓励他们保持乐观的心态，勇于面对困难，从而增强自信心和适应能力。

（二）建立良好的人际关系

良好的人际关系是大学生情绪管理的关键。建立良好的人际关系，有助于大学生更好地与他人进行交流和沟通，减少孤独感和焦虑感。学校和家庭应注重培养大学生的社交技能，鼓励他们积极参加各种社交活动，结交新朋友，从而增强他们的社交能力和人际关系的稳定性。

（三）建立有效的应对机制

有效的应对机制是大学生情绪管理的保障。建立有效的应对机制，如开展心理咨询服务、心理健康讲座等，有助于大学生及时解决心理问题，预防和应对各种心理危机。高校应建立完善的心理健康教育体系，为大学生提供及时、有效的心理咨询服务，帮助他们调整心态，提高心理健康水平。同时，家庭也应关注大学生的心理健康问题，提供必要的支持和帮助。

（四）培养积极的思维方式

积极的思维方式是大学生情绪管理的核心。培养积极的思维方式，如积极思考、乐观生活等，有助于大学生更好地应对生活中的挫折和困难。学校和家庭应该注重培养大学生的积极思维方式，鼓励他们从积极的角度看待问题，从而增强他们的自信心和适应能力。同时，家庭也应该关注大学生的思维方式，给他们提供必要的指导和帮助。

综上所述，积极心理学视域下的大学生情绪管理路径包括培养积极的心理品质、建立良好的人际关系、建立有效的应对机制以及培养积极的思维方式。这些路径有助于大学生更好地应对生活中的挑战和困难，提高他们的心理健康水平。学校和家庭应该共同努力，为大学生创造一个良好的成长环境，帮助他们更好地管理自己的情绪。

第四章

积极心理学视域下大学生的高效率学习

第一节 积极心理学视域下大学生学习能力的培养

一、积极心理学视域下大学生学习能力培养的维度

著名物理学家阿尔伯特·爱因斯坦（Albert Einstein）曾强调，高等教育必须重视培养学生具备会思考、会探索问题的本领。人们解决世界上的所有问题是用大脑的思维能力和智慧，而不是照搬书本。大学生顺利开始大学的学习生活，重要的前提是树立正确的学习观念。正确的学习观念对大学生的学习有正面的影响。大学生应当树立正确的学习观，提高学习热情，培养自学能力、咨询能力、实践能力和创新能力，全面发展自我，实现自我价值。

（一）自学能力的培养

自学能力不是与生俱来的，而是需要通过后天慢慢地培养。大学生在培养自学能力前，对自身充分肯定、满怀自信是很有必要的。培养自学能力的方法多种多样，应选择适合自己的方法，加以提升。

1. 培养自主学习习惯

大学时期的学习习惯不同于中学时期的学习习惯，大学生要靠自律、自我监督和自我管理，培养自主学习的能力，而不是靠老师或他人的监督。他们要

时时用心、事事用心，按照自己的学习目标与兴趣，有选择性地学习和吸收知识。在不断的尝试和培养中发现适合自己的学习方法，不断改进，并成为一种习惯。

2. 充分利用网络资源

新时代，互联网已融入大众的学习、工作和生活中。对于大学生来说，网络资源更是学习、获取知识的有效途径。以前，获取知识主要通过阅读书本和实践经验，知识的来源有限。如今，作为信息时代的主角，各种网络平台为人们提供了多种途径，且运用更加便捷。大学生可以根据自身的需求，充分利用网络资源，快速收集相关文献和内容，助力自己学习。

3. 积极参与课外实践

大学生只学习理论知识，不积极参与课外实践，不积累实践经验，对自身知识的储备和学习能力的提升是没有多大帮助的。在国家对大学生素质教育日益重视的大环境下，大学生第二课堂的活动丰富多彩。校园生活因第二课堂的活动而更加丰富，大学生通过活动实践提高自己的学习能力、管理能力、沟通能力等。理论与实践相结合，专业知识与课外活动相结合，才能充分促进大学生德智体美劳的全面发展。

（二）咨询能力的培养

一个人的力量是有限和弱小的，单凭一个人的学习会缺少有益的借鉴和相互竞争。因此，大学生在学习过程中，应主动与同学进行合作学习，适时地与老师进行交流。

通过与同学的合作讨论，大学生可以吸取他人身上的优点，弥补自己的不足，同时能在浓厚的学习氛围中增强学习的动力。同学之间的讨论与研究，还能激发大学生的创新能力。

通过向老师请教，可以解决学习过程中的疑难问题，还可以就自己的观点和看法与老师进行探讨，学习和借鉴老师的思维方式和研究方法，拓展自己的思维空间。

（三）实践能力的培养

人类的所有知识都来源于人类的实践活动，在实践中我们才能检验知识的正确性，同时我们依靠正确的知识来指导实践活动。大学生的学习和发展不仅是通过读书来实现的，更重要的是在实践中锻炼和积累。理论结合实践，两者相辅相成。大学生对知识的掌握只是完成了学习过程的第一步，更重要的是将所掌握的知识运用到现实生活中，做到学以致用。

学习书本上的知识能启迪我们的智慧，提升我们的文化素养，而实践活动则能提高我们的综合素质。例如，参加社团工作可以锻炼我们的社交能力和表达能力，也可以展示我们的才能；做学生干部可以树立为他人服务的意识，提高自己的协调能力和组织能力。这些能力是每个人参与社会活动所必需的。

大学是一个广阔的舞台，它除了为大学生提供学习知识的平台，还提供了许多参与校园内外实践活动的机会，如公益活动、社团工作、勤工助学、实习实训等。同时，大学生也可以为自己创造参与实践活动的机会，如假期参加社会调查、家教服务等。大学生积极参与社会实践活动，能从实践中获得丰富的知识和社会经验，提高自身的实践能力。

（四）创新能力的培养

正如阿尔伯特·爱因斯坦所说："要是没有能独立思考和独立判断的有创造力的人，社会的向上发展就不可想象，正像没有供给养料的社会土壤，人的个性发展也是不可想象的一样。"创新是民族进步的灵魂和发展的推动力，创新推动人类社会的进步和发展。当代大学生正处于知识迅猛发展的时代，单纯地掌握知识已不能满足社会对人才的需求，大学生还必须具备较强的探索能力和创新能力，才能适应时代发展的需要。

坚持独立思考的立场，批判地接受所学的东西，对待各种事物和现象不人云亦云。创新能力能带动大学生的学习能力。大学生在学习过程中，除了从教材、老师的授课讲解中掌握知识，自身还应提出新颖的观点，有独到的见解。创新能力能让大学生敢于寻求新的突破，敢于另辟蹊径，不受拘束，不断地发现问题，不断地思考，提出新的思路、新的观点。创新能力的培养能够让大学生快速进步，活跃头脑，激发自身的潜能。

二、基于学习能力提升的大学生高效率学习方法

在大学期间，大学生要以培养自己的全面能力作为学习的首要目标。在培养全面能力的目标中，学习能力的培养是一个重要的目标。学习能力的培养可以归结为高效率学习。高效率学习，主要是提高学习效率，在学习时要有意识地提高学习速度，逐步压缩学习同一种内容时所需要的时间，迫使自己找出快

速学习的方法。心理学家提出了一些提高学习效率的方法。

（一）组织学习时间

对于大学新生来说，上课的第一天，老师会提供课程提纲，确定课程任务并讨论课程目标。拿到课程提纲后，首先，一定要仔细阅读这几页内容，因为它们会为我们本学期的学习提供指导；其次，要将所有课程的考试日期和截止日期输入自己的日程表中；再次，可以根据这份日程表来安排自己的课外活动，比如观看或参与体育比赛；最后，养成每周检查一次下周日程的习惯。可视化的时间排序将有助于我们查看需要做的所有事情，并在需要同时提交几份作业时提前通知我们早点开始学习。在考试的前一周设置日历提醒，可以防止遗忘。如果自己组织时间有些难度的话，可以参考时间管理系统，或者参加学校组织的关于时间管理的培训课。

（二）购买课本

必须在课程开始前拿到课本。一些学生喜欢购买旧书，因为它们相对便宜，这是无可厚非的，但是需要谨慎购买那些有很多标记的课本。因为先前的拥有者可能并没有准确地分辨出哪些概念是重要的，这会致使我们将注意力放到不重要的内容上，不利于我们对书本知识的掌握和理解。

（三）在安静的地方学习

如果我们想要认真学习，就要避免注意力分散。有些学生会在咖啡馆一边学习一边查看微信和邮件，来来往往的人也会吸引他们的注意力。在任务中来回地切换注意力，会降低学习效率。学习时听音乐或者打开电视作为背景音，都会分散注意力，让学习变得困难。为了在学习中集中注意力，我们应该养成在安静的环境中学习的习惯，并且在学习时关掉社交媒体。

（四）课前预习

请按照老师的要求，完成课前预习，这样在课程结束之后，将会有更多的收获。不过，要注意预习方式。很多学生想要尽可能快地完成预习，"我需要尽快地看完历史课本，这样我就能开始预习心理学课程"。这种想法可以理解，但要注意在预习的过程中不可急躁。知识理解需要时间，阅读得越快意味着记住的知识越少（这就是速度、理解权衡）。那么，以什么样的方式能够让我们的预习收获最多呢？

很多人在阅读的时候，会用下划线标记出重点，但是这并不能加深对材料的记忆。如果使用研究支持的策略，那就不仅可以帮助我们深入思考文本，而且可以帮助我们检查先前所学的内容。

（五）阅读指定的章节前，回答理解性问题

在阅读指定章节前回答相关问题，在直觉上似乎是不可取的，但是相较于阅读前没有事先回答任何问题，即使只是对问题做出有根据的猜测，也能让我们对预习内容的记忆更深刻。因为事先回答问题不仅可以激活我们已拥有的与主题相关的知识，而且能在新旧知识之间产生联结。

（六）针对章节重点提出问题

如果我们在阅读"认知失调"的内容，写下诸如"什么是认知失调""通常用哪些实验技术研究它""能用两个现实生活中的例子表明工作中的认知失调吗"这类问题，就能够让我们更加努力地去思考学习材料并加深理解。此外，回答"这为什么是对的""这页上面的哪些内容对我来说是新的"也能够帮助我们学习。因为这不仅能使新旧知识之间产生联结，而且能为之后的学习提供一定的指导。

（七）阅读—背诵—复习法

一些学生喜欢一边阅读一边写章节总结或大纲。然而，对于总结是否有效的研究结论并不一致。在一些情境中总结是有效的，而在另一些情境中总结却不起作用，并且总结需要学生花费很长的时间。那么，不妨在阅读之后进行总结，并从记忆中提取出文章中心思想。这种能够复习、分辨出可回想起和遗忘掉的内容的方法，叫作阅读—背诵—复习法。这种方法可以增强人们对阅读文章的记忆。

从记忆中提取信息是阅读—背诵—复习法中记住信息最有效的方法之一，特别是当我们对遗忘的信息给予反馈时。即使我们在进行自我检测时没有就阅读章节写下完整的总结，也能回答出在阅读中的和章节后面自带的问题，并且应该比在没有写总结的情况下回答得更容易。现在许多新出版的书中也提供了一些网上的交互性测试或者一些用于自我测试的方法，以确保能够对遗漏的信

息进行检查。

相较于在阅读时标记重点，在阅读之后进行自我问答有两个好处：一是能够直接提高我们对阅读材料的记忆，二是能清楚地分辨出哪些概念需要我们花更多的时间才能掌握。

（八）课堂学习

1. 认真倾听老师的讲解

一些学生逃课是因为他们认为课上的所有内容都在课本上。在某种程度上这一说法是对的，但事实并不完全如此。成功的学习需要学习者对学习内容持续反复地思考。如果我们事先阅读到一个概念，之后又在课堂上听到这一概念，那么将来我们很有可能会记住这一概念（这叫"间隔效应"）。如果老师以一种新的方式讲解这一概念，那我们对这一概念的理解会加深。不仅如此，老师在课堂上还会讲授很多书上没有的内容，因为老师的讲解很少会完全复制课本。

2. 把电脑放在家中或宿舍

在课堂学习中，学生的笔记质量与课程学习成绩呈正相关，且可能影响学习最终成绩的优劣。因此，平时应把电脑放在家中和宿舍，这是出于以下两点考虑：第一，避免互联网和社交媒体分散注意力（如果必须携带电脑，那么就关掉网络），与此同时也不要使用手机；第二，使用电脑进行多任务学习不仅可能阻碍自身主要的学习，也可能对周围的人产生不好的影响。

3. 用笔记笔记而不是用电脑记笔记

用电脑记笔记比用笔记笔记，能记下的内容更多，但是用笔记笔记能够让人回忆出更多的课堂信息。当学生用电脑记笔记时，他们会记下听到的所有内容，但是无法对内容进行深入地加工和理解；但用笔记笔记的学生知道自己写字的速度跟不上课程进度，所以他们会对材料进行深入地加工和理解，并且自创语言进行笔记记录，这有助于课后对信息内容进行更细节地检索。虽然该建议是根据单一的研究提出的，但是不使用电脑也有其他的好处，例如可以集中注意力。

4. 课堂开始前获得PPT

老师经常会使用PPT或其他材料辅助课堂教学，但是老师呈现PPT的速度过快容易导致学生没有办法很好地理解。如果老师使用PPT，那么可以在课前将其打印出来。但是有一些老师不喜欢课前提供PPT，一是因为他们认为这种行为会影响课堂出勤率；二是因为只有伴随课堂讲解，许多PPT内容才能被理解。如果老师课前不提供PPT的话，我们可以建议他们去看马什和辛克（Marsh & Sink）进行的一项研究。这项研究表明，相较于在课程结束之后，在课程开始之前给学生提供PPT，学生学到的知识更多；在课堂开始之前拥有PPT，意味着学生可以直接在PPT上做笔记，这给了他们更多的时间去思考材料和听老师的讲课。

（九）课后复习

通常，学生在进行下一项活动的时候，会自然而然地将上堂课学习过的内容抛诸脑后。所以，我们强烈建议学生在当天晚些时候要回顾课堂内容，至少要将笔记上没有记下的内容补充完整或者标记出自己没有理解的部分。理想的做法是，将自己感觉困惑的内容写成问题。例如，"经典性条件作用和操作性条件作用有什么不同"。如果时间充裕的话，不妨考虑重新誊写笔记以加深印象，这样不仅能确保抓住课程的重点和难点，也能将文本内容整合出来。用这种方法整合笔记能够加深对材料的理解，在分辨出不同概念差异的同时，也能帮助自己明确哪些内容需要花费更多的时间去学习。学生可以通过重读课本来巩固这些内容，相较于重新通读课本，重写整理笔记、具体化某些特定的概念能够更加有效地利用时间，最后尝试回答阅读前准备的以及阅读时产生的所有问题。如果无法回答某一问题，就可以查阅书本寻找答案。即只需要花费15～20分钟复习，就能帮助自己巩固知识。

当然，在这里时间管理至关重要。相较于考前通宵达旦地学习，我们更加主张将时间分隔开来，每天晚上回顾一天的学习内容，并预习第二天的课程。

（十）准备考试

大多数学生到期末时，会通过重新阅读课本上的指定材料和课堂笔记来准备考试，且通常将注意力集中在先前标记过的内容上。不过，考前熬夜重读课本不是最有效的学习方法。相反，应该尝试分段学习，且采用一些主动学习的技巧，如问答的方式。

第二节 积极心理学视域下发挥学习潜能，掌握创造性学习策略

从创造性的角度看，人类的学习主要有两种形式，一种是继承性学习，另一种是创造性学习。继承性学习是通过所获得的固定的见解、方法、规则以处理一种正在发生的情形，强调的是对现实社会的适应能力。继承性学习是人类的一种重要的学习行为，对于封闭的、固定不变的情形是必不可少的。创造性学习是指学习者具有探究未知世界的天然动力，学习是一个通过不断的自我唤醒，来感知、诠释和改造周围世界的过程。学习行为从本质上来说，其实就是创造行为。对学生来说，进行创造性学习、学会创造的关键是要掌握创造性学习策略，消除负面心理效应的影响。

一、掌握创造性学习策略

关于学习策略（包括一般学习策略、认知策略和元认知策略），现在要讨论的是进行创造性学习需要的策略，即创造性学习策略。它指的是创造性学习行为中学生采用的学习策略的总称，是在低层次的常规学习策略基础上形成的更高层次的学习策略，是在一般学习策略基础上的多层次、多维度的学习策略系统。创造性学习策略系统可以从不同的角度加以划分。从学习的主体来看，有学生（小学生、中学生、大学生）和成年人的创造性学习策略；从学习的途径来看，有课堂、课外、家庭与社会的创造性学习策略；从学习的内容来看，有知识、动作技能和社会规范的创造性学习策略；从使用的范围来看，有基本的和个性化的创造性学习策略。创造性思维是创造的核心要素，创造性学习策略的关键就在于学会创造性思维。

创造性思维是以新颖、独特的方式解决问题的思维。个体通过创造性思维不仅能揭示客观事物的本质及内在联系，而且能突破固定的逻辑推理，不断地以新颖的方式多维度、多角度地寻求以前未曾发现的问题及新的解释，从而产生前所未有的思维成果，或形成具有社会价值的新产品。创造性思维是智慧水平高度发展的表现，是多种思维方式的有机结合，主要表现为发散思维与聚合思维的统一，形象思维与抽象思维的统一，以及直觉思维、灵感思维与逻辑思维的统一。

（一）发散思维与聚合思维

在创造活动中，发散思维与聚合思维密切结合，互为条件，互为基础，成为创造性思维的重要成分。

1. 创造性学习中的发散思维

发散思维，也被称为"扩散思维"或"求异思维"，是一种从不同角度、不同方向思考问题，寻求多种解决方案的思维方式。在创造性学习中，发散思维扮演着重要的角色，它能够帮助我们打破思维定式，拓宽思路，发现新的可能性。

（1）激发创新思维。发散思维鼓励我们从多个角度看待问题，这有助于我们发现新的解决方案，激发创新思维。

（2）培养多元思考习惯。发散思维要求我们从多个维度思考问题，包括但不限于内容、方法、工具、受众等，这有助于培养多元思考的习惯。

（3）拓展知识领域。发散思维有助于我们拓展知识领域，从不同的领域和角度了解问题，从而获得更全面的认识。

开拓发散思维的策略有如下几条。

①鼓励探索。鼓励学生尝试新的方法、工具和思路，不怕失败，勇于尝试。

②多元化教学。采用多元化的教学方式，如项目制学习、问题解决式教学等，引导学生从多个角度思考问题。

③培养好奇心。激发学生的好奇心，鼓励他们主动寻找和探索新的知识领域。

2. 创造性学习中的聚合思维

聚合思维，也被称为"集中思维""逻辑思维"。在创造性学习中，聚合思维同样具有重要的作用。它能够帮助我们将不同的想法、观点和解决方案集中起来，形成一个完整的解决方案。

（1）整合资源。聚合思维有助于我们将不同的资源、想法和观点整合起来，形成一个完整的解决方案。

（2）优化解决方案。聚合思维要求我们全面考虑问题，比较各种解决方案的优劣，从而选择最合适的方案。

（3）提升决策效率。通过聚合思维，我们可以更快地作出决策，提高解决问题的效率。

培养聚合思维的策略如下：

①逻辑分析。引导学生进行逻辑分析，比较各种解决方案的优劣，从而选择最合适的方案。

②批判性思考。鼓励学生进行批判性思考，对各种想法和观点进行评估，以便更好地整合资源。

③团队协作。通过团队协作，学生可以相互交流、分享想法和观点，从而更好地聚合资源。

在创造性学习中，发散思维和聚合思维是相辅相成的。发散思维能够帮助我们发现新的可能性，而聚合思维则能够帮助我们将这些可能性转化为实际的解决方案。因此，教师在教学中应该注重培养学生的发散思维和聚合思维，以帮助学生更好地理解和应用知识，激发其创新精神，提高解决问题的能力。

发散思维和聚合思维这两种思维方式虽然考虑问题的角度不同，但都是为了发现问题、解决问题，两种思维方式交互运用，可逐步接近解决问题的最佳方案或得出最正确结论。因此，创造性思维的操作过程不是发散—聚合—再发散—再聚合，就是聚合—发散—再聚合—再发散。发散的目的是打开思路，多向探索，再产生更多新观念、新设想，而聚合思维的目的是集中思维，从众多新观念、新思想中做出评价和选择，得出一个最佳结果。思维越发散，聚合性就越好，创造性思维水平才会越高，创造性成果才会越丰硕。

（二）形象思维与抽象思维

形象思维是运用已有表象进行的思维，抽象思维是运用概念进行的思维。创造性思维也是形象思维和抽象思维的统一。人们也许会认为，创造性思维既然是人类高级的思维活动，那一定是依靠抽象思维进行的。其实不然。创造性思维既需要抽象思维，又需要形象思维，而且后者在创造性思维中占据更为独特的位置。这是因为创造性思维的加工对象往往不是现成的东西，需要通过头脑中的想象使之具体化，这种想象便是形象思维。爱因斯坦承认，他在高度抽象的理论物理领域中的许多创造性成果，大多是运用形象思维研究的结果。他的思维活动的一个重要特点也正在于常用图形来思考，而不是光用词语来思考。物理学家通过形象思维来解决电磁场中本不存在的电力线和磁力线问题；化学家通过形象思维来解决苯的分子结构问题；数学家更是通过形象思维建立数形关系，甚至创建解析几何，这一切都表明形象思维在创造性科学研究中的作用。

当然，这种形象思维最终也得经过抽象思维的逻辑推断来加以验证，因而也离不开抽象思维的支撑。同时，抽象思维的对象不限于当时当地的事物或现象，可以超越时空范围，以概括、推理、验证、评定等方式来反映现实，而形象思维则可以通过想象弥补事实链条中缺失的部分。

（三）直觉思维、灵感思维与逻辑思维

直觉，也称直觉思维，是一种没有经过严密推理与论证而径直地猜想问题关键的思维。它是个体基于有限的信息，调动一切已有的经验，对客观事物间的关系做出迅速辨别、敏锐洞察和整体判断的思维过程，常表现为一种大胆的猜想、预测。由于直觉思维没有经过明显的中间推理过程而直接提出结论，故其思维的过程是跳跃式的，个体不能用言语将该过程和结论的道理表达清楚，大有"知其然，不知其所以然"之状，但它在创造性活动中，在确定研究方向、识别有价值的线索、预见事物发展结果、提出科学假设、寻找解决问题的有效途径等方面都起着独特的作用。例如，原子物理学家卢瑟福（Rutherford）很早就凭借直觉思维断定原子核存在，随后通过 α 粒子散射实验证实了当初的猜测；电磁学家法拉第（Faraday）从电流周围产生磁场这一现象中直觉地预见到在磁场周围也必然会产生电流，这个预见多年后被实验证实，只是有一个限定条件，那就是变化的磁场才会产生感应电流。直觉思维既然只是一种猜测，何以有这样的有效性呢？原来，直觉思维不是毫无根据的臆断、妄猜，而是个体在掌握牢固的科学知识、具备丰富的生活经验、并积极从事实践活动的基础上产生的一种领悟。

灵感，也称灵感思维，是一种顿悟性的思维。逻辑思维是遵循、符合逻辑的正确答案或结论的思维。直觉和灵感都是在以往通过逻辑思维活动而获得知识经验的基础上发生的。同时，直觉和灵感中表现出的思维的跳跃性、简约性并不是非理性的，实际上是逻辑思维高度压缩、简化、自动化和内化的结果。从本质上来说，它们仍与逻辑思维紧密相关。而且直觉和灵感产生的思维上的闪念、火花，最终仍需要通过逻辑思维来加以论证。

二、积极心理学视域下发挥学习潜能

在当今社会，学习潜能的重要性日益凸显。学习潜能是指个体在学习过程

中所表现出来的潜在能力，包括记忆力、注意力、思维能力、创造力等方面。积极心理学视域下的学习潜能，强调个体在面对学习挑战时，能够积极应对、发挥自己的优势，从而取得更好的学习效果。笔者将从以下四个方面探讨如何发挥学习潜能。

（一）激发学习兴趣

兴趣是最好的老师，只有对学习充满兴趣，才能充分发挥学习潜能。首先，可以通过丰富教学内容和形式，激发学生的学习兴趣。例如，引入游戏化教学、互动式学习等方式，让学生在轻松愉悦的氛围中学习。其次，注重个体差异，根据学生的特点和兴趣爱好，为其量身定制合适的学习计划和方法。最后，及时给予学生积极的反馈和鼓励，让他们感受到自己的进步和成就，从而增强自信。

（二）培养良好的学习习惯

良好的学习习惯是发挥学习潜能的重要保障。首先，要制订合理的学习计划，包括时间安排、任务分配等方面。其次，注重课堂听讲和笔记，确保对所学知识有清晰的认识和理解。最后，要养成独立完成作业的习惯，培养独立思考和解决问题的能力。同时，鼓励学生进行交流和合作，通过互相学习和借鉴，共同进步。

（三）保持积极的心理状态

积极的心理状态是发挥学习潜能的重要前提。一方面，要保持乐观的心态，积极面对学习中的困难和挑战。另一方面，要学会调节情绪，避免过度的焦虑和压力对学习产生负面影响。此外，可以通过积极的自我暗示和心理暗示来增强自信心和动力。同时，要学会与他人建立良好的关系，获得情感支持和鼓励，从而更好地发挥学习潜能。

（四）挖掘并发挥自身优势

每个人都有自己的优势和特长，挖掘并发挥这些优势是发挥学习潜能的关键。首先，大学生要了解自己的兴趣爱好和擅长的领域，找到适合自己的学习方法。其次，要敢于尝试和挑战自己，勇于学习新知识和技能，不断拓展自己的能力范围。最后，可以通过积极寻求反馈和评估来发现自己的优势和不足之处，从而更好地发挥学习潜能。

综上所述，积极心理学视域下发挥学习潜能需要从激发学习兴趣、培养良好的学习习惯、保持积极的心理状态、挖掘自身优势等方面入手。只有充分认识并发挥自己的潜能，才能在学习过程中取得更好的成绩和效果。同时，我们也要意识到，发挥学习潜能是一个持续的过程，需要不断地探索和实践。因此，我们应该保持积极的心态和持续的努力，不断地提高自己的学习能力，为未来的发展打下坚实的基础。

三、积极心理学视域下创造性学习策略的掌握

随着时代的发展，我们的学习方式也在发生深刻的变革。在这样的背景下，积极心理学作为一个全新的研究领域，它以一种全新的视角，让我们重新审视学习过程。积极心理学关注个体的积极心理品质，以及如何将这些品质应用于学习之中。创造性学习正是积极心理学视域下的一种理想学习方式。

创造性学习是指通过运用创新思维和创造力来解决问题，同时在此过程中提升自己的知识和技能。这种学习方式不局限于学术领域，也运用于日常生活和工作中各种问题的解决和各种事项的决策过程。在积极心理学视域下，创造性学习不仅有利于提升个体的认知能力，更能帮助个体形成积极的情感体验，提升自我效能感。

要掌握创造性学习策略，首先要了解积极心理学中的一些重要概念，如自我效能感、乐观主义、适应性和感恩等。这些概念在创造性学习中起着关键作用。自我效能感能帮助个体相信自己有能力进行创造性思考和解决问题；乐观主义则鼓励个体对未来保持积极的态度，这有助于他们在面对困难和挑战时保持冷静；适应性则能帮助个体灵活应对各种环境变化，从而为创造性思维提供空间；感恩则能帮助个体珍惜自己的成长和收获，从而激发创造力和积极性。

其次要培养和发展个体的创新思维和创造力。这可以通过多种方式实现，如定期进行头脑风暴、鼓励批判性思考、培养问题解决技能等。同时，个体也需要对自己的学习过程进行反思和评估，以便了解自己的优势和不足，从而调整自己的学习策略。

最后还需要营造良好的学习环境。这包括提供丰富的学习资源、鼓励开放和多元的讨论，以及营造一个鼓励创新和尝试的环境。这样的环境能够激发个体的创造力和积极性，同时也能帮助大学生更好地理解和应用所学知识。

总的来说，积极心理学视域下的创造性学习是一种理想的学习方式，它能够提升个体的认知能力，培养积极的情感体验，增强自我效能感，同时也能帮助个体更好地应对各种问题。为了掌握创造性学习策略，我们需要理解积极心理学中的重要概念，培养和发展创新思维和创造力，同时也要营造良好的学习环境。通过这样的方式，大学生不仅能够提升自己的知识和技能，更能享受到学习的乐趣和成就感。

# 第五章

积极心理学视域下大学生生活幸福感

第一节 大学生生活幸福感概述

一、幸福概述

我国某调查节目一句"你幸福吗"问遍了大江南北各行各业的几千民众，引发了大家对幸福的思考——幸福到底是什么？

（一）幸福的定义

对幸福的追求是人类永恒的话题。儒家认为人的幸福包括内在和外在两个方面：向内修身养性，形成仁、义、礼、智、信等良好的道德品质；向外要齐家、治国、平天下，求取功名，行中庸之道，不走极端，处理好人际关系等，提倡积极进取、奋发有为的人生。道家的幸福观主张取法自然，在人与自然和谐共存的过程中达到幸福的最高境界。墨家则提出了"义利并重"的幸福观。

享乐主义认为幸福是一种原始的感觉，这种感觉位于意识体验的前中部；期望理论认为幸福就是得到你想要的，无论这个过程是否愉悦；目标理论认为，个人理想的实现会满足人内隐的需要模式，进而带来幸福感；社会比较理论认为，幸福来源于比较，比较后的结果优于他人时幸福感会更高；心流理论主张幸福感是个人主动参与活动之后的产物，是在互动过程中发挥潜能，满足个人需要进而产生愉悦的成就感与价值感；人格—情境交互理论认为人格与环境的交互作用产生幸福感。

亚里士多德（Aristotle）的实现论认为主观的快乐并不完全等同于幸福，那些能使个体产生快乐但对人类发展无益的愿望实现时并不能产生幸福感。20世纪90年代，心理学研究者对幸福进行了新的阐释，提出幸福不仅是获得快乐，还是个体通过充分发挥自身潜能而达到的完美体验。

心理学领域对幸福的理解主要有两种取向，即主观幸福感和心理幸福感。主观幸福感是个体根据自己的评价标准（如积极和消极情感、生活满意度）对自己的生活质量进行综合评价而产生的，其中生活满意度是个体对生活的综合判断和总的概括认知。心理幸福感不仅关注个体的情感体验，而且关注个体潜能的实现。

人们对幸福的阐释就像"一千个观众眼中有一千个哈姆雷特"那般存在着。幸福不是二进制中非此即彼的0或1，要么幸福要么不幸福，幸福存在于一个连续统一体。它是人们对现实生活的主观反映，与人们生活的客观条件密切相关；它不是空洞的，而是由主观的情感体验和个人潜能得以发挥时的感受共同构成的。同时，幸福也是一种终身的追求。

（二）幸福感知

幸福感作为衡量人们生活质量和心理健康的重要指标，在人们的生活与发展中起到至关重要的作用。幸福感的来源不是单一的，而是受到不同因素、不同文化的影响。

第一，社会期望的观点。人们时常会对未来的生活进行构想，但勾勒的场景不一定都是积极幸福的，当下所处的生活境况和心理状态会影响人们对未来的期望，同样，人们对未来生活的信念与预期也会影响当下的情感状态。当对未来生活充满积极心理期望时，会增强当下的幸福感知，反之，对未来生活持消极态度时，往往在当下感知不到幸福，只有积极的社会期望才会使当下的幸福感得以维持和强化。

第二，社会比较的观点。主观幸福感是个体用自身现实条件与他人或某一标准进行比较时产生的主观感受。家人、朋友或不认识的人都可能是个人进行社会比较的参照群体。通常情况下，人们在向下比较时会感到满足，在向上比较时会感到不满,也就是说,当感觉自己比别人好的时候,会感知到幸福;反之,则不会感知到幸福。幸福感知有时也受人格特质的影响,积极人格特质的人向上和向下比较都可能会增强主观幸福感,而消极人格特质的人向上和向下比较时都可能会减弱主观幸福感。

第三,社会建构的观点。社会的主流意识形态、文化规范、社会舆论等会直接影响和塑造身处该社会境况中社会成员的价值观和世界观,影响人们对幸福的想法、感受和行为,也会影响人们的生活满意度,这些都直接决定了人们的幸福感知。

第四,社会联结的观点。人际关系、家庭关系、工作环境中个体与个体之间、群体与群体之间的认知与体验,会影响人们的情绪、心理状态、对社会关系的认知,以及在社会交往活动中的各种表现,进而影响人们的幸福感知。紧密、频繁、持久的社会联结会使人们的情感与归属需求得到满足,进一步提高人们的幸福感知。

二、积极心理学与幸福感

积极心理学强调个体应该关注事情的积极面,塑造积极的人格品质。积极观念可以帮助大学生处理消极情绪,如焦虑不安、抑郁等。但同时我们需要知道,积极观念只能将我们的情绪状态从负值升到零点,而幸福则位于零点的右侧,即为正值。之所以这样说,是因为幸福不会自动出现,不痛苦并不意味着能感到幸福。因此,我们应该保持乐观的心态和积极的生活理念,多关注个人的优点,改善人际关系,培养对生活的激情,积极投身于令人满意而高兴的活动。

无论是塞利格曼的幸福公式,还是积极心理学的核心理念,我们都可以清楚地看到,积极心理学所倡导的关注生活的意义、人的美德和积极品质都与幸福息息相关。

三、大学生活与幸福感

(一)大学生活

在科教兴国战略指导下,我国的高等教育事业迅速发展,高等院校的基础设施建设越来越好,高校课程内容越来越丰富。随着高等院校的扩招,大学生人数逐年增加,与大学生活相关的内容逐渐成为学界的热点话题。鉴于此,对大学生活与大学生幸福感的梳理具有重要的现实意义。

大学是培养具有良好身体素质、思想道德素质、科学文化素质等高素质人才的基地。与高中生活不同，大学生活涵盖了大学生学习、生活、社会实践及社会交往的各个方面，是学生从学校走向社会的最后一站。大学生在大学里可以接触浩瀚而高深的知识，学习专业技能，学习为人处世的方法，感悟激荡碰撞的思想，学会更好地融入生活，这是大学生成长过程中重要而深刻的一环。

进入大学，大学生首先面临的就是多方面的转变与适应，包括学习动力和目标、学习方法、学习环境、学习心态的变化和适应，还包括对社会、对人际关系、对交往模式的变化和适应。在这个变化和适应的过程中，部分大学生会出现心理承受能力差、压力过大、身体不适等问题，加上他们的心理尚未完全成熟，容易冲动，思考问题仍然从感性且片面的角度出发，遇到挫折容易采取极端的方式，不能作出正确及理性的判断。

大学生应正确对待心理和思想上的变化，正确认识中学与大学的不同，正确看待个人得失，发挥自身潜能与优势，主动了解大学阶段人生发展的主要任务，尽快自我调整以具备更好的心态，在思想和行为上做出改变，以便更好地融入大学生活。

（二）大学生的幸福感

习近平总书记指出："青年是整个社会力量中最积极、最有生气的力量，国家的希望在青年，民族的未来在青年。"大学生肩负着实现国家富强、民族复兴的时代重任，在学习科学文化知识、提升专业技能的同时，也应当注重身心健康，积极提升主观幸福感。大学生的幸福感会时刻影响其思想和行为，成为促进或阻碍自身前进步伐的重要因素，同时也会对我国幸福社会的构建产生深远影响。

对当前大学阶段的学习生活质量进行的主观性、整体性评价，表现为大学生在学习生活满意度的基础上产生的一种积极心理体验过程，是一种相对稳定、持续与愉悦的心理状态。大学生的幸福感来自志同道合的朋友、与他们自身生活密切相关的事情，如与同学相处融洽、取得优异的成绩、得到老师的表扬、找到理想的工作等。

当代大学生成长于物质生活比较丰富的社会环境中，这使一些大学生安于现状，对个人成长、未来的工作生活没有一个积极规划，过多依赖父母，依赖社会；部分大学生还变得比较脆弱，面对生活中的一点不如意就自怨自艾，抱怨父母，抱怨社会，经受不住生活的打击而自暴自弃。一些大学生过度看重金钱和物质，把物质享受等同于幸福，忽视了理想、信念的重要性。还有一些大学生以自我为中心，只注重个人幸福，计较个人得失，不关注集体的发展，对自己所属的寝室、班级、学校等，没有尽到应尽的责任和义务，也不尊重他人的想法和看法。

因此，大学生要想提升其主观幸福感，就要正确认识与评价自我，确定恰当的目标，通过有目的的学习和活动来促进健全人格的形成与发展，培养现代社会发展所需要的人格特征；要主动、真诚、热情地交朋友，在人际交往过程中学会包容理解他人，欣赏别人的优点，接纳别人的不足，保持真诚可信的良好品德；要勇于克服困难，勇于拓展自我，积极调整心态和学习习惯，积极参加校园活动，培养广泛的兴趣爱好，学会独立自主地面对生活，解决问题，走出舒适圈，不断地探索适合自己成长的路径；要始终保持乐观、积极的态度，热爱生活，珍惜生命，努力拼搏，用心过好大学生活的每一天，使自己的大学生活更加丰富多彩，这样才能收获幸福。

四、大学生生活幸福感偏差

（一）大学生生活幸福感偏差的表现

每年9月，大学新生满怀憧憬走进此前曾幻想过无数次的大学，开启崭新的大学生活。然而，很多大学生发现，大学生活不如理想中的丰富与精彩，而是充满了困惑与挫折，这会使大学生出现幸福感偏差。这种幸福感偏差具体表现在生活领域、情绪领域和人际领域。

1. 生活领域的偏差

大学生活真的不如高中时代幸福吗？事实并非如此。有的大学生之所以认为大学生活还不如高中生活，主要是因为他们不能很好地适应大学生活，这在大学新生中是很常见的现象。对大一新生来说，在与父母分离后，面对陌生的环境，他们很难体会到幸福感，并且可能产生失眠、嗜睡、食欲缺乏或暴饮暴食等现象。大学生活并不一定像大学生在心里预想的那样一帆风顺，也并不如影视剧中那么丰富多彩。大学生活的常态就是两点一线往返于宿舍、教室之间，偶尔会有一些娱乐活动、校园竞赛等。因此，在面对陌生且有心理落差的大学生活时，部分大学生表现为颓废、虚度光阴，如手机成瘾、熬夜打游戏等。手机成瘾是个体在现实生活中感受不到幸福与快乐时，选择沉浸于虚拟网络环境以获得即时快乐的一种逃避方式；熬夜是一种补偿心理，当个体感到受挫时会不自觉地用其他方式来弥补自己的缺憾，以缓解内心的焦虑和不安。

总体而言，无论是手机成瘾还是报复性熬夜，都是大学生幸福感偏差在生活领域的表现，若不能得到适当纠正，这种表现反过来又会使幸福偏差越来越大。

2.情绪领域的偏差

值得注意的是，消极情绪对提升幸福感并不是有百害而无一利的。研究发现，适度的消极情绪对幸福感的影响比积极情绪的影响更大。例如，处于消极情绪条件下的个体在接受积极情绪刺激后，可以体验到更多的积极情绪，即消极情绪在一定程度上也能凸显积极情绪的可贵之处。因此，大学生更应该关注消极情绪对幸福感的影响。

消极情绪是降低个体主观幸福感的重要因素，也是幸福感出现偏差后所带来的直接影响。当大学生察觉到自己出现沮丧、抑郁等不良情绪时，若放任自己的消极情绪生长，则会产生幸福感偏差；若及时调整情绪，解决自己所出现的问题，就会降低甚至避免幸福偏差的出现。具体而言，大学生在面对崭新而陌生的大学生活时，感到幸福感偏差是较为常见的，在情绪领域所表现出来的就是较长时间持续的消极情绪。此时若不加以干预，消极情绪就会反过来持续影响幸福感。

3.人际领域的偏差

亚里士多德曾经说过，从本质上讲，人是一种社会性动物，那些生来离群索居的个体，要么不值得我们关注，要么不是人类。因此，人必须参与社会，并且要有一定的人际关系。

大学生作为社会的一员，与社会脱不了关系，但由于大学生尚未真正步入社会，因此他们与外界的主要联系主要是与老师、同学的人际交往。此外，人际关系不仅可以通过面对面的交谈建立，在网络时代，还可以通过短信、电话或社交媒体来维持。人际关系是归属与爱的需求的基本表现之一，良好和谐的人际关系有利于人们得到物质和心理上的支援，提高人的愉悦感、成就感和归属感，促进个人健康与幸福的成长。相关研究表明，良好的舍友关系、同学关系及师生关系都对大学生主观幸福感有着非常重要的影响。

然而，大学生的人际交往并不是一帆风顺的，尤其是对出现幸福感偏差的大学生而言，他们更容易出现对自我的高估或者低估两种极端情况。在高估自我的情况下，大学生容易在与他人交往的时候夸夸其谈，在炫耀自己的同时贬低他人，缺乏虚心求教的精神，同时还有较高的支配欲望和掌控欲望，由此会使他人对其敬而远之；而在低估自我的情况下，大学生容易畏惧与他人交往，在与他人交往的时候容易拘谨、害羞、紧张，容易产生交往障碍，进而会影响人际关系的建立。

在大学生活中，有的大学生广交朋友，似乎处处都有与自己志同道合的朋友；而有的大学生形单影只，似乎与整个集体疏离了。除了一定的个人原因，对幸福有不同的认知也是大学生产生不同的人际交往状况的原因之一。

（二）大学生生活幸福感偏差的成因

在幸福观多元化的背景下，部分大学生由于某些因素的影响，对幸福的认知存在一些偏差，致使他们在成长的道路上逐渐远离幸福。大学生生活幸福感偏差往往是多种因素交互作用的结果，笔者将从个体、家庭及社会三个方面来探究大学生生活幸福感偏差的成因。

1. 个体因素

（1）错误认知

①崇尚享乐主义与物质主义。一些大学生受物质文化、享受文化的影响，过分追求物质享受和享乐主义的生活方式，忽视对精神追求和道德品质的培养。他们过分关注眼前的利益和个人的得失，缺乏长远的规划和目标，导致生活缺乏意义和动力，幸福感降低。

②崇尚个性，忽视他人幸福。一些大学生过于强调个性和自我实现，忽视对他人的尊重和关心。他们往往只关注自己的感受和需求，忽视他人的感受和需要，导致人际关系紧张。这种人个性过于突出，容易造成以自我为中心，影响个人幸福感。

（2）消极情绪

如今，无助、焦虑、忧郁等情绪问题成为影响大学生生活幸福与成长的突出问题。大学生情绪不适主要表现为以下四点。

①社会交往问题。大学生面临的环境变化和社会压力较大,容易产生失落、焦虑、孤独等情绪问题。他们可能感到自己与周围环境格格不入,由此缺乏安全感和归属感,导致幸福感降低。此外,由于社交媒体的普及,一些大学生过度依赖社交媒体,忽视了现实生活中的社交互动,也容易引发社交问题。

②焦虑与抑郁。大学生面临学业、就业、人际关系等多重压力,容易产生焦虑和抑郁情绪。他们可能感到无法应对这些压力,感到无助和失落,导致幸福感降低。此外,一些大学生可能因为自卑、自我否定等心理问题而产生抑郁情绪,影响个人健康和幸福感。

③专注困难与思维障碍。大学生面临学业压力和竞争压力,容易产生专注困难和思维障碍。他们可能感到自己注意力不集中、记忆力减退、思维混乱等,导致学习效率下降和生活质量降低。这些问题可能会引发个人挫败感和自我否定,影响个人幸福感。

④攻击性行为。部分大学生对他人心怀恶意,毁坏他人财物,桀骜不驯,脾气暴躁。

2. 家庭因素

在当今社会,大学生作为一个特殊的群体,面临许多挑战。他们不仅要在学业上努力奋斗,还会在生活、情感等方面承受压力。许多研究表明,某些大学生的幸福指数不高,其中家庭因素起着重要的作用。笔者将从家庭经济条件、家庭教育方式、家庭氛围、父母关系与亲子关系四个方面来探讨造成大学生生活幸福感偏差的家庭类原因。

(1)家庭经济条件

家庭经济条件是影响大学生幸福感的重要因素之一。一些家庭经济条件较差的学生,可能会因为生活费用的压力、学费的负担等问题而感到焦虑和不安,进而影响他们的幸福感。此外,一些学生可能会因为家庭经济条件而产生自卑感和不安全感,这些心理因素也会对他们的幸福感产生负面影响。

(2)家庭教育方式

家庭教育方式也是影响大学生幸福感的重要因素之一。一些家长溺爱孩子,导致孩子在成长过程中缺乏独立性和责任感,容易产生依赖心理和自卑心理。

而一些家长则过于严格，过度干涉孩子的学业和生活，导致孩子缺乏自主性和创造性，容易产生叛逆心理和失落感。这些家庭教育方式都会对大学生的幸福感产生不良影响。

（3）家庭氛围

家庭氛围也是影响大学生幸福感的重要因素之一。和谐、温馨、充满爱的家庭氛围可以增强大学生的安全感、归属感和自信心，从而提高他们的幸福感。相反，争吵不断、冷漠疏离的家庭氛围则容易让他们感到孤独、无助和失落，从而降低他们的幸福感。

（4）父母关系与亲子关系

父母关系与亲子关系也是影响大学生幸福感的重要因素之一。如果父母之间关系紧张、争吵不断，就会对孩子的心理健康产生不良影响，进而影响孩子的幸福感。良好的亲子关系可以增强孩子的信任感和安全感，提高他们的自信心和自尊心，从而提升幸福感。相反，如果亲子之间缺乏沟通、理解和支持，则容易产生隔阂和矛盾，降低孩子的幸福感。

综上所述，家庭因素对大学生生活幸福感的影响不容忽视。为了提高大学生的幸福指数，家长和教育工作者应该关注家庭因素对大学生幸福感的影响，采取相应的措施来改善家庭环境，提高家庭生活质量。这包括改善家庭经济条件、调整家庭教育方式、营造和谐温馨的家庭氛围，以及加强亲子沟通与理解等方面。只有家庭、学校和社会共同努力，才能为大学生创造一个更加健康、快乐和充实的生活环境。

3. 社会因素

（1）人际交往

和谐的人际关系有助于大学生减轻生活、学习的压力，保持心情舒畅，获得较高幸福感体验。如果大学生存在人际交往的压力，无法通过与他人交流而缓解消极的情绪，则难以更好地适应社会的发展，最终容易形成孤僻、内向的个性，并将存在的各种问题堆积在心里，以致对自身造成更大的伤害。

大学生活中，人际交往是影响幸福感的重要因素之一。大学生面临来自学业、社交、情感等多方面的压力，常常会感到孤独、焦虑和无助。其中，舍友关系、师生关系、同学关系等都是影响大学生幸福感的重要因素。

舍友关系是大学生生活中最常见的人际关系之一，良好的舍友关系能够促进大学生之间的交流和沟通，加深彼此之间的信任和友谊，从而提升幸福感。然而，宿舍中也可能存在一些矛盾和冲突，这些矛盾和冲突处理不当，可能会影响大学生的幸福感。

师生关系也是影响大学生幸福感的重要因素之一。一些大学生可能会因为对老师的教学方式、教学内容、评价方式等方面不适应而感到有压力和焦虑，从而影响幸福感。此外，一些老师可能过于严格或过于宽松，缺乏对学生的关心和指导，也可能导致学生感到孤独和无助。

同学关系也是影响大学生幸福感的重要因素之一。一些大学生可能会因为学习成绩、兴趣爱好、性格特点等而感到孤独和无助，缺乏与同学之间的交流和沟通。同时，一些大学生也可能因为就业压力而过分关注自己的形象和地位，忽视了与同学的友谊和合作，从而导致人际关系疏远。

为了提高大学生的幸福感，我们可以从以下四个方面入手：首先，加强心理健康教育，帮助学生树立正确的人生观和价值观；其次，建立良好的宿舍关系，促进室友之间的沟通和理解；再次，加强师生之间的交流和沟通，建立良好的师生关系；最后，鼓励大学生积极参与课外活动和社团活动，增强人际交往能力。

（2）就业压力

近年来我国高校的招生规模不断扩大，而社会对人才的需求相较于扩招规模并没有随之显著增长，这使争取工作岗位的竞争日益激烈，现实性的就业压力成了影响大学生幸福感的主要因素。

许多大学生面临巨大的就业压力，如就业难、薪资低、职业发展前景不明朗等问题。这些问题可能导致大学生感到焦虑、失落和无助，从而影响他们的幸福感。

首先，就业难是影响大学生幸福感的重要因素之一。许多大学生在大学期间没有明确的目标和规划，缺乏实践经验和职业技能，这可能导致他们在就业市场上缺乏竞争力。同时，大学生背后的社会资源不足，也会影响他们的就业。

其次，薪资低也是影响大学生幸福感的重要因素之一。许多大学生在大学期间投入了大量的时间和精力，但最终获得的薪资水平却相对较低。这可能导致他们感到付出与回报不成正比，从而影响他们的幸福感。

最后，职业发展前景不明朗也是影响大学生幸福感的重要因素之一。许多大学生在就业后可能会面临晋升困难、职业发展受阻等问题，而这些问题可能导致他们感到迷茫和无助，从而影响他们的幸福感。

为了提高大学生的就业幸福感，我们可以从以下方面入手：首先，加强职业规划和就业指导，帮助学生明确自己的职业目标；其次，加强对大学生实践能力和职业技能的培训，提高大学生的就业竞争力；再次，提供更多的实习机会和就业资源，帮助学生拓宽就业渠道；最后，加强心理健康教育，帮助学生树立正确的人生观和职业观。

总之，人际交往和就业压力是导致大学生生活幸福感偏差的社会因素之一。为了提高大学生的幸福感，我们需要从多方面入手，加强心理健康教育、职业规划和就业指导、对大学生开展实践能力和职业技能的培训等方面的工作。同时，也需要家庭、学校、社会等多方面的支持和关注。

五、提升主观幸福感的价值

（一）人生的追求

追求幸福是人生的重要意义，是人生的终极向往。人生的旅途其实就是一条寻找满足自我需求、实现自我成就、挖掘自我潜能的道路。自我发展得越好，人生就越完满，所体会到的幸福感就会越强烈。

（二）心理健康的体现

主观幸福感与心理健康两者之间关系密切。随着积极心理学研究的发展，主观幸福感逐渐成为心理健康状况的重要指标。除了心理状态良好、没有心理精神疾病，还能从积极的情绪体验、自我投入、成就的取得、意义的获取等方面找寻到满意感。主观幸福感能很好地体现个体心理的健康状态。

（三）开发心理潜能

个体良好的心理素质对各方面的影响与发展都有着非常重要的作用。大学生在提升主观幸福感的过程中，可以培养积极情绪，提高心理耐受力，养成积极乐观的心态等积极品质，最大限度地开发个体自身潜能。

第二节 积极心理学视域下大学生生活幸福感提升

在前文我们了解了幸福感、幸福感与大学生活的关系,还了解了大学生生活中的幸福感偏差及其成因。笔者将从培养积极的心理品质、构建积极的支持系统、增加积极的幸福体验、融入教育层面的培养、个体自我层面的培养这五个方面,阐述如何提升大学生的生活幸福感。

一、培养积极的心理品质

随着个体的成长和发展,人们会逐渐形成一些积极的心理品质,如乐观、宽容、感恩及坚毅等。积极的心理品质不仅对人自身有益,还会增进生活幸福感。

(一)培养乐观的心理品质

一间病房里住着两个病人,一个每天垂头丧气,时常自言自语,"我活不了多久了,活不了多久了……唉……"看着窗外的落叶,总觉得自己如那落叶一般,了无生机。而另一个病人则与他相反,总是积极配合治疗,还时常劝自己的病友,要乐观地面对自己的疾病,虽多次劝说并未得到积极回应,但依旧会与病友说自己遇到的开心事。不久,二人出院了。出院之后,悲观的病人每天仍旧唉声叹气,病情反反复复,总是不见好;反观那个乐观的病人,每天养花遛弯,定期检查,病情逐渐平稳。若是你,你会以哪种态度面对自己的疾病或不幸呢?你会选择悲观面对还是乐观接受呢?

生活中的幸与不幸只有一线之隔,选择乐观会为生活增添一些幸福快乐的色彩。什么是乐观呢?

乐观是对未来事件结果的一种积极期待,它有两大取向:气质性乐观与乐观解释风格。气质性乐观指个体期待未来好事多于坏事。有研究者认为,乐观者在困难面前会采取有效的应对方式,会持续不断地为目标而努力奋斗,会不断地调整自我状态以实现目标。还有研究发现,气质性乐观与那些以消除、减轻或管理压力源为应对的策略呈正相关,而与以忽略、回避或退出压力源为应对的策略呈负相关,即乐观者面对困难时更倾向于解决问题,而悲观者则会回避放弃。

乐观解释风格是指乐观的人把消极事件或体验归因为外部的、暂时的和特殊的因素，比如把考试没考好的原因归于试题太难；把积极事件或体验归因于内部的、长期的和稳定的因素，比如把自己的进步归因于自己的努力。乐观解释风格是个体以一种积极的方式看待已经发生的消极事件，使自己离开悲观的状态。可见，乐观的心理品质有助于大学生以一种积极的状态去面对困难，解决问题，不断奋斗，以实现自己的目标。

积极心理学的有关实验证明了人的乐观品质可通过后天的学习获得，那么如何在日常生活中培养乐观的心理品质呢？

首先，学会使用乐观解释风格。尝试将失败归因于外部的、不稳定的因素，如天气不好；而将成功归因于自身内部的、稳定的因素，如成功是自己努力的结果。通过积极的解释来增强自信心，使自己以乐观的态度去生活，去面对生活中遇到的困难。

其次，学会使用积极的心理暗示。试着每天给自己一个积极的暗示，比如每天早上告诉自己"今天是美好的一天"，这会让自己心情愉悦。长此以往，这种积极的情绪或状态会渐渐影响人的行为举止。大学生应学会感恩，学会宽容，以宽容之心接纳不平之事，积极乐观地面对大学生活。

最后，试着修正和控制自己的悲观信念。遇到不幸的事件时，试着改变对事件的悲观解释，然后将自己的注意力转移到其他事情上，如果不行的话，可以通过大声喊"停"的方式，强制自己转移注意力，减弱不幸事件带给自己的消极情绪体验。还可通过辩论的方式，从乐观的角度对不幸事件做出解释，与不幸事件的悲观解释进行对抗，让自己去接受乐观解释。

（二）培养宽容的心理品质

宽容是人性中的一种美好品格。在"负荆请罪"的故事中，蔺相如因完璧归赵有功而被封为上卿，位在廉颇之上，廉颇对此事甚为不服。而当廉颇得知蔺相如为国家安危，对自己忍让、退让时，便主动背负荆条到蔺相如门前请罪。二人的故事成了一段佳话，其中所体现出的一种品质就是宽容。宽容是我们对人和事的包容与接纳，会使人心理成熟、情感丰沛。

宽容包括三个方面：一是对"不守成规"的观念和行为的容忍；二是能够容忍别人对自己信念和原则的反对；三是对人的弱点（如软弱、愚蠢等）的容忍。有研究者曾做过一个实验验证宽容的动机，结果表明，当消极动机（回避和报复）增加时，仁爱的动机会减少，此时个体会倾向于做出复仇的选择；当积极动机增加时，则会使个体更倾向于选择宽容，并且宽容者与冒犯者之间的关系会朝着积极的方向发展。可见，当我们与他人发生冲突后，若能以宽容之心对待，则会让我们与冒犯者之间的关系趋于缓和，冲突双方的关系会朝着积极的方向发展。

我们在日常生活中或多或少地会受到他人的冒犯，若选择宽容的方式应对，就会有利于生活的和谐与人际关系的稳定。选择以宽容的方式解决问题，会缓解我们的消极情绪，增加积极的心理体验。宽容还可使人际关系朝着积极的方向发展，提升主观幸福感，使大学生的生活更为积极与幸福。那么应如何培养宽容品质呢？

一方面，学会"心理换位"。当我们与他人发生冲突或矛盾时，站在对方的角度思考问题，思考对方为何会用这样的说话方式及怎么处理这件事。如果我们能做到这一点，就会在一定程度上理解对方，就会减少一些不必要的冲突和矛盾，会使我们的人际关系更为和谐，也会让我们获得积极心态。此外，不仅对别人要宽容，对自己也要宽容，有时宽容别人比宽容自己要简单些。对自己没做好或做错的事，不要耿耿于怀，试着留给自己一些缓冲的余地，让自己以更好的状态来迎接下一次的挑战。

另一方面，"人非圣贤，孰能无过？"人本就不是完美的，并且每个人的成长环境及地区文化不同，塑造了性格迥异的个体，所以我们彼此在世界观、人生观和价值观上就存在差异。这就需要我们在与他人交往的过程中，对不同的观点或想法求同存异，并对他人多一些宽容与理解。宽容不是无原则地全盘接受，而是有原则地坚守，不对坏人坏事退让、妥协，但要以善意来对待不完美的人，"海纳百川，有容乃大"。

（三）培养感恩的心理品质

"鸦有反哺之义，羊有跪乳之恩""谁言寸草心，报得三春晖"等，这些流传至今的名句，展现出了我们中华民族的美好品德——感恩。感恩是基于对外界正性刺激的有意感知。感恩还被认为是一种情感，这种情感的激发需要两个条件，即对积极刺激的感知和对积极来源的认可。

感恩是需要双方（感恩对象和被感恩对象）共同完成的。当我们在接受别人给予的恩惠时，会对施惠者产生感恩之情，施惠者也会感知到接受者的感激之情，从而在施惠者与接受者之间形成良性循环，促进双方积极关系的建立。

感恩不仅会让我们消除消极情感，获得幸福感，还会引发感恩对象及其行为的泛化，使我们生活在被感恩包围的积极环境中。那么，如何培养感恩这一心理品质呢？

首先，懂得知恩，懂得去发现别人对自己的帮助。当我们感知到他人对我们的恩情时，就会激发我们的感恩之心。因此，在生活中，我们要细心观察，用心感受；在自然环境中，我们要用心体会，感受大自然的馈赠；在人际交往中，要学会感受来自他人的爱与关怀。

其次，做到知行合一。知恩而后谢之。我们要在实际生活中体会感恩，促使感恩的行为在人际互动中形成良性循环。在感恩的过程中，我们还能体会到感恩带来的积极情绪体验，如愉悦、幸福等。这些积极情绪体验不仅会为我们的生活增添幸福的色彩，还会为周围的人带来轻松愉悦的氛围。

最后，我们要与提供帮助的人建立良好的沟通，便于我们更好地传达感恩之情，从而拉近彼此间的心理距离。在感恩的过程中，要学会关心自己与他人，体验他人的内心世界，建立起积极的人际关系，并促进双方关系朝着积极的方向发展。同时，我们也要学着感谢自己、感谢他人和感谢生活，并以积极乐观的态度学习与生活。

（四）培养坚毅的心理品质

世间拥有才华者众多，但成功者是少数。未成功者或缺少机会，或缺少勇气，但最为重要的一点是缺少坚毅的品质，缺少无论遇到什么困难也要把事情完成的坚持与决心。坚毅是一种积极向上的心理品质，是个体对目标所表现出来的持久坚持和努力，是在完成目标的过程中所体现出的不惧困难和不懈努力的心理特质。它对个体发展，尤其是大学生的成长、成才具有重要的意义。坚毅是在实现长期目标、接受生活的磨炼与不懈奋斗过程中逐渐形成的，是获得成功必不可少的心理品质。拥有坚毅心理品质的人能在高应激环境下具备不畏困难的心态和克服困难的勇气，从而始终保持良好的身心健康状态。此外，坚毅还是预测成功的可靠指标，拥有坚毅心理品质的人的成功率更高。有研究表明，与高智力水平的学生相比，拥有坚毅心理品质的学生可以获得更好的成绩。可见，坚毅心理品质对想要获得成功、实现理想的人来说很重要。

首先，在培养坚毅这一心理品质的过程中，最重要的一点是，要确定自己的目标。目标就是努力的方向，是培养坚毅品质的前提和基础。一开始，目标的设置难度是在我们的能力范围之内却还未达到的程度，在此基础上逐步增加难度。如果不知道从何处入手，可以先从体育锻炼开始。运动不仅能够锻炼人的身体机能，保持身体健康，还能磨炼意志，在完成一个个运动目标的过程中慢慢培养出坚毅的心理品质。当然，如果你不喜欢运动，那就可以通过先做一件伸手就能完成的事，然后逐步提高任务难度，慢慢培养自己坚毅的心理品质。在这个过程中，要注意调整自己的心态，尤其是事情还未成功时，不要怕自己做不好，要相信自己，保持积极乐观的态度。

其次，要提高自我效能感。自我效能感是人们对其组织和实施达到特定成就目标所需行动的能力的信念，即你对自己能完成某件事的信念。通过增加个人成功的体验，比如我们每完成一个运动目标，就会获得目标完成的成就感，进而增强自己坚持运动的信念，以此增强自我效能感；要积累自己的替代性经历，比如通过观察他人的行为和结果，增强自己在完成与他人类似事情时的信心；接受来自他人的鼓励、赞美，尤其是来自我们所敬佩、欣赏的人的鼓励与赞美。

最后，要勇敢面对困难与挫折，困难与挫折是每个人都要面对的。要培养敢于面对困难的勇气，树立克服困难的信心，探索战胜困难的途径与方法。只要我们不轻言放弃，坚持到底，就有可能把困难打败。

二、构建积极的支持系统

积极的心理品质只是开始大学幸福生活的基础，要想提升大学生活幸福感还离不开积极的支持系统。笔者将从学校、家庭和社会三个角度出发，谈谈如何构建积极的支持系统。

（一）构建积极的学校支持系统

学校不仅是大学生学习的场所，还是生活的重要场所。学校给大学生提供了一个安稳、平静的环境，可以让学生增加知识储备，学习专业技能，为未来的工作打下专业基础。学校不仅是学习的场所，还是重要的社交场所，比如与老师、同学交往等。虽然大学生的主要任务是学习，但处理好与老师、同学等的关系也很重要，他们不仅陪伴我们成长，还能为我们提供社会支持。

老师不仅是我们学业上的引导者，也是我们人生的领路人。当大学生在学业上遇到专业难题时，老师会提供指导，帮助解决问题；当大学生遇到人生的重要选择且无法抉择时，老师会提供宝贵的人生经验和建议。除了老师，每天一起上课的同学也是重要的社会支持来源。做课程作业或实验时，他们会给予帮助；在生活中，他们会给予关心和陪伴。此外，还要提到一个重要的情感支持来源——恋爱关系。大学生或许会在大学开始一段恋爱关系。而对恋爱中的大学生来说，在遇到失败或者困难时，从恋人那里获得的情感支持也是非常重要的。

离开熟悉的生活环境，离开熟悉的家人和朋友，我们在大学四年里应如何构建良好的学校支持系统呢？首先，了解自己，懂得自尊、自信、自强、自立，做人有骨气，为人有正气，这样在与同学、老师交往时，才能建立一种较为稳定的友谊和师生关系。与同学交往时，要做到"大公少私，乐于助人，真诚交往，宽以待人"，从同学那里获得生活的支持与认同；与老师交往时，要做到谦逊有礼、勤学勤问，从老师那里获得专业的支持与认可。其次，要对大学生活进行合理的规划。有了规划就有了目标，有目标的生活才会充满动力，大学生活才会丰富而又充实，进而获得大学阶段的胜利。到毕业时，回想大学四年才会"不因虚度年华而悔恨，不因碌碌无为而羞愧"。

（二）构建积极的家庭支持系统

家是什么？可能有些人认为家是居住的地方，而有些人却有其他的认知。每个人的答案都不同，但相同之处在于大家都认同"有家人的地方就是家"。一想到家人，我们就会感到温暖，但有时家中的某些事也会让我们伤心。那么如何才能构建一个积极的家庭支持系统呢？

当一个家庭中夫妻关系、亲子关系及其他人际关系保持和谐，每一个人都回归爱的序位时，家庭系统就能自然和谐地有效运作。对大学生而言，家庭系统中的重要关系就是自己与父母的关系、自己与同辈兄弟姐妹的关系及自己与祖辈的关系，所以想要构建一套积极的家庭支持系统，就需要处理好家庭中重要的人际关系。

建立积极的家庭支持系统有三个要点：第一，处理好与父母的关系。父母对孩子的爱和孩子对父母的爱是家庭幸福的最大源泉，父母的爱和关心是孩子健康成长的前提和基础。每个人的成长都离不开父母的呵护与陪伴，那为什么孩子长大后总想要远离父母，与父母渐行渐远呢？主要是孩子还未理解父母。无论父母为孩子做什么都是出于爱，他们的爱是无私的，是不求回报的，孩子之所以还不理解父母,是因为还未为人父母,正所谓"养儿方知父母恩"。所以,孩子需要学着换位思考并慢慢理解父母,当明白父母的良苦用心、体会父母的爱时,自然就能与父母和解,也就能处理好和父母的关系了。

第二,处理好与同辈兄弟姐妹的关系。对非独生子女家庭而言,与兄弟姐妹的关系也是重要的家庭关系之一,而对独生子女而言,也会面临与亲戚家兄弟姐妹的相处,所以同辈关系是我们每个人都需要面临的家庭关系之一。不同于与父母相处,与同辈相处时孩子们会有更多的共同语言,但也容易引发矛盾。因此,在面临同辈之间的矛盾时,要拒绝主观猜测,弄清事实真相,防止自己因为主观判断引发误会从而伤害彼此感情。同时,在生活中,兄弟姐妹要互帮互助,相亲相爱,共同建立友善的同辈关系。

第三,处理好与祖父母的关系。不可否认,我们的父母与我们的祖父母之间也会有不愉快的事情发生,当面对父母与祖父母之间的矛盾时,我们很容易卷入他们的矛盾,但这并不利于问题的解决。正确的方法是解铃还须系铃人,不插手父母与祖父母的矛盾,我们只要分别处理好自己与父母以及祖父母的关系即可。在生活中,做好我们该做的,尊重并照顾好祖父母,同时努力协调家人之间的关系,为构建积极的家庭支持系统而做出努力。

(三)构建积极的社会支持系统

大学生作为一个特殊的群体,面临学业、就业、人际关系等多方面的压力,因此,构建积极的社会支持系统对提升大学生的生活幸福感至关重要。

《孟母三迁》的故事就是一个典型的环境造就人才的例子。这个故事发生在战国时期的鲁国都城邹县(今曲阜)。故事的主角是孟子的母亲,主人公则是中国历史上伟大的思想家和教育家孟子。故事主要讲述了孟母为了给儿子创造一个良好的成长环境,不惜三次搬迁,最终选择了一个适合的居住环境。

我们回顾一下故事的主要情节。孟子出生在一个普通的农家,他的父亲在他很小的时候就去世了,留下他和母亲相依为命。孟母是一个非常有智慧和远见的人,她深知环境对一个人的成长有着至关重要的影响。因此,她决定为儿子选择一个适合的环境,以便他能够更好地学习和成长。

初迁:最初,孟子家附近有墓地,孟子经常模仿丧葬仪式。孟母认为这不利于孟子的成长,于是搬到了市集附近。

再迁:搬到市集后,孟子又开始模仿商贩的叫卖声。孟母觉得这样的环境依然不利于孟子的成长，于是再次搬家。

三迁：这次，孟母选择了学宫附近作为居住地。在这里，孟子开始模仿学者的礼仪和学习，逐渐形成了良好的学习习惯和品德。

最终，孟子在母亲的悉心教导和良好环境的熏陶下，成为一位伟大的思想家。这个故事不仅表现了母爱的伟大，也强调了环境对人成长的重要性。

通过三次搬迁，孟母为儿子创造了一个适合的居住环境。这个环境既有利于儿子的学习和成长，又避免了不良环境对儿子的影响。这个故事告诉我们，环境对一个人的成长有着至关重要的影响。良好的环境可以激发一个人的潜力，培养其优秀品质和行为习惯；而不良的环境则可能会阻碍一个人的成长和发展，这一故事的启示是社会环境对人成长的重要性。由此可见，大学生要成长、成才，需要有获得积极社会支持力量的环境，即需要构建积极的社会支持系统。

大学生该如何构建积极的社会支持系统呢？一方面，要学会主动改变，寻找更好的环境。所谓主动改变，是当发现身边的环境不利于学习与成长时，如果条件满足，应主动改变身边的环境，或积极寻找更好的环境，以寻求更好的发展。

另一方面，要学会逐渐适应，发现积极的力量。当身边的环境改变不了时，与其怨天尤人，不如从改变自己开始。换而言之，当环境能够改变时，就主动改变环境；而当环境改变不了时，就要主动适应环境。环境中的不良因素固然存在，但是也一定存在积极的因素，所以我们需要在逐渐适应环境的基础上去寻找环境中的积极因素，努力在这些积极因素中获得积极的力量，从而构建积极的社会支持系统。

三、增加积极的幸福体验

除了培养积极的心理品质和构建积极的支持系统以外，对大学生生活幸福感的提升而言，增加积极的幸福体验也是必不可少的。例如，增加爱的幸福体验、希望的幸福体验，以及心流的幸福体验。

（一）增加爱的幸福体验

人本主义心理学家马斯洛（Maslow）在1943年提出需要层次理论，将人类的需要分为七个层次，从低级到高级分别是生理的需要、安全的需要、归属和爱的需要、尊重的需要、认知的需要、审美的需要和自我实现的需要。其中，归属和爱的需要是人类在满足生理的需要和安全的需要后出现的社会需要，强调人们对情感和爱的需要，是一种追求幸福体验的需要。

美国社会心理学家埃里希·弗洛姆（Erich Fromm）在《爱的艺术》中提到，爱是一种能力，同时也是一种艺术。我们的情感远不止爱情，还有亲情、友情、师生情等，这些情感都与我们的生活紧密相连，我们能在这些情感的联结中体验到幸福。因为无论是爱情、亲情、友情还是师生情，都是在表达爱、接受爱，在爱自己的同时也爱他人，故而幸福。

我们如何才能在日常生活中增加爱的幸福体验呢？首先，学会爱自己。在亲情、友情、师生情和爱情等关系中，我们追求和谐人际关系的前提是好好爱自己，做好自己。因为各种人际交往过程都避免不了冲突和矛盾的发生，一味地妥协和让步只能是治标不治本，冲突和矛盾依旧存在，所以委曲求全并不会让我们感受到真正的幸福。我们在面对人际冲突时努力解决问题，不逃避问题，在做好自己的同时追求人际和谐，这样才能收获真正的幸福。

其次，学会爱他人。爱自己是人际交往的前提，但不是幸福的全部。爱发生于个体与个体、个体与群体或者群体与群体之间，所以爱自己与爱他人是紧密联系、不可分割的。每个人都是独立的个体，成长环境、生活环境不同，性格、特质等也不同，所以在人际交往过程中我们要了解他人、尊重他人，在求同存异中追求和谐统一。另外，在面对冲突时，我们也要学会换位思考。我们看待事情总爱以自己为第一视角，考虑自身的利益，若能站在他人角度重新考虑同一件事，来理解对方，察觉到对方的不容易，不仅能更好地爱自己，还能更好地爱他人。

（二）增加希望的幸福体验

希望是一种重要的积极心理品质，对个体的身心健康发展具有重要作用。作为新时代的大学生，我们正处于人生中最美好的青春年华，如何才能增加希望的幸福体验呢？

首先，需要建立清晰且合理的目标。清晰的目标指引我们前进的方向，合理的目标促使我们适时采取行动。若目标模糊，就找不准前进的方向；若目标太高或太低，就会失去行动的力量。因此，我们需要结合自身的实际情况，建立清晰且合理的目标，在实现目标的过程中体验希望的力量。

其次，需要树立明确且坚定的信念。实现目标的过程必定是充满坎坷的，意志不坚定者会很容易被困难打倒，最终放弃目标。因此，我们在树立清晰且合理的目标后，需要在实现目标的过程中坚定信念，遇到困难时要克服畏难情绪，积极想办法去解决，如此才能脚踏实地地实现自己的目标，同时锻炼自己的意志力。

最后，需要学习积极有效的策略。无论是生活，还是学习，其实都是由一个一个或大或小的目标组成的，而目标的建立和实现离不开积极有效的策略。例如，今年给自己设定的目标是考过英语四级，那么对于需要准备的时间，每天应当学习几小时等，我们都要进行合理的时间管理。我们还要有化消极为积极的思维方式，面对同一件事情，多转换视角，多考虑积极的方面，就像我们都学过的"塞翁失马，焉知非福"的道理，积极的思维取向有助于我们发现希望，感受希望的幸福体验。

（三）增加心流的幸福体验

1. 积极心理学与心流体验

心流体验作为积极心理学的一个重要概念，是指个体在从事某种活动时，全神贯注、忘我投入的一种心理状态。在这种状态下，个体会感到时间仿佛停滞，内心充满愉悦和满足感。因此，增加积极的心流体验，对于提升大学生的生活幸福感具有重要意义。

2. 增加积极的心流体验的策略

（1）设定明确的目标

设定明确、具体、可衡量的目标，有助于大学生在从事某项活动时保持专注和投入。当个体全身心地投入实现目标的过程，更容易产生心流体验。因此，大学生应该根据自己的兴趣和实际情况，设定合理的目标，并在实践中不断地调整和完善。

（2）选择自己热爱的活动

从事自己热爱的活动，更容易让个体产生心流体验。因此，大学生应该积极寻找自己感兴趣的领域和爱好，如阅读、写作、绘画、运动等，并投入时间和精力去培养和发展。在从事这些活动的过程中，个体可以充分展现自己的才华和潜力，感受到成就和满足。

（3）提高技能水平

技能水平的高低直接影响个体在从事某项活动时的投入程度和心流体验的

产生。因此，大学生应该通过不断学习、实践和创新，提升自己的专业素养和综合能力。当个体在从事某项活动时能够游刃有余、得心应手时，更容易产生心流体验。

（4）营造积极的氛围

积极的氛围对于个体产生心流体验具有重要影响。因此，大学生应该积极营造向上、和谐的氛围，如参加学术讲座、社团活动、志愿服务等，与志同道合的人一起交流、学习和成长。在这样的环境中，个体可以感受到更多的支持和鼓励，更容易产生积极的情绪，进而产生心流体验。

四、融入教育层面的培养

（一）营造和谐积极的校园氛围

良好的氛围能使个体感受到更多的积极情绪，产生满足感。融洽的人际环境、良好的班风校风、优质的教育环境、丰富的校园文化活动对大学生的成长、心理品质的培养能起到重要的作用。积极向上的校园氛围一方面能增加学生的积极体验，另一方面能通过融入环境中的教育元素激发学生内在的积极力量和优秀品质。

（二）开展多元化心理教育

心理教育在当今教育中的重要性日益凸显，良好的心理素质与主观幸福感的获得相辅相成。除了相关心理教育课程的开设、心理知识的宣传与活动的开展等，高校还可以实施协同教育，将心理知识、积极心理的理念融入各学科、各种日常教育中；把握网络信息技术发展迅猛的时代特征，利用内容丰富、形式多样的网络资源，将心理教育融入大学生学习、生活和娱乐中，更好地培养学生的积极心理观念。

五、个体自我层面的培养

（一）形成积极正向的人生态度

如果持有积极的人生态度，个体也能心胸开阔，保持乐观的态度。大学生应当运用积极的方式面对阻碍，主动提高自己对心理冲突和挫折的耐受能力，防止心理问题的发生，从而有利于自身的心理健康，提高生活满意度，增加幸福的体验感。

（二）确定合适的奋斗目标

"世界上没有十全十美的人"，我们应该客观地认识到，每个人的能力都有一定的限度，都具有优势和劣势。苛求自己非但不利于能力的发展，还可能让自己陷于心理压力之中，导致心理问题产生。

一方面，大学生应该对自己的能力作出客观的评价，积极从事实践活动并力争成功，充分了解自己的能力，确定合适的奋斗目标。在获得成功的过程中，满足个人需求，获取价值感，提升自信心，锻炼能力。

另一方面，在确立目标与达成目标的过程中，个体应适度调整期望值。期望过高，致使自己总是处于失败的磋磨之中，不仅有损自尊，还可能因为严重的情绪冲突而有碍身心健康；期望过低，则可能会泯灭自己的斗志。

（三）积极应对冲突与挫折

1. 提升自我心理调节能力

在生活中，人们难免会遇到不良刺激而出现情绪反应，继而影响心理功能。学会情绪自我调控，以适当的方式宣泄不良情绪，有助于降低负面情绪体验的消极影响。调节方法有多种，例如，自我提醒与增强意识、转移注意力、转换思考问题的角度、学习解决问题的方法等。

2. 采取积极的策略应对冲突与挫折

心理冲突与挫折在生活中是客观存在的，大学生应对此有正确的认识，应采用积极的而非消极的适应策略。不要采取规避策略以应对消极情绪，而应通过理性思维来获取心理平衡，解决心理矛盾冲突。面对困难时，积极寻求解决办法，做好应对挫折的心理准备，提高挫折耐受力。

（四）建立积极的人际关系

健康的人际关系是构建良好社会支持系统的基础。积极的社会活动和良好的人际交往，可以使人增进理解，开阔眼界与心胸，还能扩大人际圈子获得更多的社会支持；通过人际交往，个体可以从中感受到充足的信任、激励和社会安全感，从而增强生活、学习和工作的信心和力量。大学生应当与他人进行积极有效的沟通，学会解决冲突，达成相互谅解，同时培养良好的人际相处品质，如宽容、理解、诚信等。

（五）发展积极的兴趣爱好

在生活中，培养和发展自己的爱好，可以使一个人在孤独、无聊时，通过自我娱乐来防止或减少负面情绪的产生，使身心得到有益的调整和放松。如果能积极开展自我娱乐活动，就可以振作起来，抛开烦恼，保持愉快的心情。因此，每个大学生在大学阶段都应该依据自己的个性特点，注重培养和发展一些积极的兴趣爱好，学会自娱自乐。

第六章

积极心理学视域下大学生心理健康教育内容与策略

第一节 积极心理学视域下大学生心理健康教育的内涵与原则

一、积极心理学视域下大学生心理健康教育的内涵

就目前而言，学者们并未就积极心理学视域下的大学生心理健康教育的定义达成统一，不同学者各自表达了不一样的观点和见解。根据现有的积极心理学和心理健康教育等理论，笔者对基于积极心理学的大学生心理健康教育的定义进行了简要的概括。在这个过程中，笔者借鉴了积极心理学和心理学其他理论，以大学生的生理和心理发展为中心，强调大学生积极心理品质的形成与发展，鼓励当代大学生主动参与一系列的心理健康教育实践活动，为大学生的身心健康发展提供新的思路和方法，这些思路和方法具有重要的研究价值和实践意义。

二、积极心理学视域下大学生心理健康教育的原则

（一）主体性原则

主体性原则可理解为，基于积极心理学的大学生心理健康教育需要时刻强调大学生在这一教育领域中的主体地位，根据大学生的学习情况和身心发展特点来设计教学内容，采取适合大学生的教学方法，密切关注大学生群体的成长规律和发展需求，确保大学生能够在参与心理健康教育活动的过程中发挥自身的主观能动性。一方面，对大学生这一特殊群体来说，其身心发展往往呈现出显著的内在倾向性，他们会根据自身的发展需求来自主选择所要接受的教育，受主观意识的驱使完成内心观点的转化。作为教育者，需对大学生的个性和人格给予足够的尊重，采取不同的方法来激励大学生自发参与由教师组织开展的一系列的课堂教学与实践活动，为外在教育向主体的内化提供载体和平台，确保教学的内化与外化达到统一。另一方面，心理健康教育实践活动的组织与开展离不开他助与自助相结合。需要明确的一点是，大学生的成长与发展可简要概括为人的自我实现。也就是说，作为大学生必须主动参与由教师组织开展的一系列的教育实践活动，只有这样才能体现大学生在大学心理健康教育中的主体地位，才能确保自助这一目的的有效达成。假设缺乏大学生的主观体验，那么心理健康教育活动就自然而然地演变为一种强制性的行为活动，从而丧失了教育价值和教育意义。大学生在参与由教师组织开展的心理健康教育活动的过程中，能够产生强烈的自我意识与独立意识，因此应遵循主体性原则来实现大学生积极心理品质的形成与完善。

（二）激励性原则

一个人之所以会做出各种各样的行为，主要来自个体的发展需要。受到自身发展需要的驱使，大学生会产生不同的动机，进而转化为具体的行为结果。大学生心理健康教育活动的组织与开展有助于满足大学生的发展需求，是获得大学生支持和肯定的教育手段和路径。这一教育模式能够为教育提供立足点，是影响大学生身心健康发展的重要环节。作为教育者，应遵循激励原则来组织大学生参与一系列的心理健康教育实践活动，确保大学生的合理发展需要得到充分的满足，激活大学生内在的心理机制，培养大学生的积极情感、情绪和态度，挖掘大学生的潜能，促进大学生的个性发展和全面发展。其中，激励通常涉及物质激励和精神激励两个方面。站在教育者的立场，应合理运用激励性原则对

大学生实施激励教学，促使大学生在参与心理健康教育活动的过程中不断完善自我，实现自我价值。

（三）体验性原则

大学生心理健康教育的体验性原则，要求教育者鼓励大学生积极参与一系列的心理健康教育实践活动，让大学生在不断的实践中实现自我发展。实践活动能够为大学生的能力培养与提升创造良好的外部环境，是促进一个人的能力发展的有效途径。大学生应在教育者的引导下积极参与一系列的心理健康教育实践活动，并在这个过程中勇于表现自我，加深对自我的认识，在潜移默化中形成良好的品质和关键能力。按照现代心理学理论观点，人的心理活动的组织与开展对客观环境有着较强的依赖性，只有深入了解主体与客体之间的关系和作用，才能促使人们做出正确的行为。心理健康教育在一定程度上有助于培养大学生的人格和品质，是促使大学生形成健康心理的有效路径。作为教育者，应强调理论育人与实践教学的深度融合，确保体验性原则在教育教学实践活动的每一个环节都得到充分的体现。通过理论教学、实践检验及情境创设等教学方法来让大学生在体验的过程中有所感悟、有所启发、有所体会，加深大学生对理论知识的理解和认知，使其主动参与一系列的心理健康教育实践活动，真正实现大学生的自我教育和自我发展。

（四）发展性原则

依据唯物辩证法理论和学说，任何事物之间都有着直接或间接的联系，且呈现出动态发展的特点。我们在探究大学生心理健康教育的发展性原则时，可以从以下两个方面来论述：一方面，发展与静止是两个截然不同但又相对的概念。我们可以把大学生当成发展中的人，他们的潜能和未来是不可预估的。心理健康在某种意义上可认为是一个持续发展的过程，而大学生的心理健康问题在很多情况下有着非障碍性特征。因此，作为教育者，应该以发展的眼光和视角来对大学生目前面临的心理问题进行探讨，根据问题的分析结果来阐述大学生发展的意义和价值，切忌直接给出绝对性的结论。另一方面，发展和矫正是两个独立又相对的概念。按照传统心理健康教育理论的说法，心理健康教育有助于解决大学生长期以来面临的心理问题，但大部分情况下大学生的心理是健康的，只有少数人在心理健康方面存在问题。基于积极心理学视域下的大学生心理健康教育丰富了心理健康教育的内容和结构，比如心理健康问题的预防、心理疾病的诊断和治疗等。许多学者一致认为，大学生心理健康教育的目的在于帮助大学生在接受这一教育的过程中形成良好的心理品质,挖掘自身的潜能。既要强调大学生心理疾病的预防、诊断和治疗,也要注重大学生的心理健康发展。只有确保大学生的心理处于发展的态势之中,才能为其提供积极和有效的防治。防治与发展应协同并进,在突出大学生主体地位的前提下,切实做好大学生心理问题的防治。只有二者相互结合,才能有效地提升大学生这一群体的心理健康水平。

(五)感染性原则

感染性原则可理解为,大学生在潜移默化中获得由教育者提供的心理健康教育服务,使其在不同的环境中获得积极的情感和情绪体验,从而起到教育和感染的作用。其中,感染的形式多种多样,既包括情绪感染,又涉及形象感染等。从情绪感染的层面来讲,教育者可通过情境创设来为大学生构建丰富的教学氛围,对大学生的心理和情绪产生积极的影响,让大学生能够真正接受和理解相关的教育内容。从形象感染的角度来讲,教育者可借助客观事物对大学生的心理和情绪带来直观的影响。利用心理学的研究结论进行分析可知,如果受教育者能够保持轻松愉悦的心情,那么他们对知识的理解会更加深刻,进而积极影响学习成果。无论是组织大学生参与丰富的实践活动,还是为其创建和谐的教学与学习环境,抑或是对学生采取典型案例教学的手段,这些方式都能够积极影响大学生的情绪和心理,是促进大学生心理健康发展的有效路径和方法。

第二节 构建积极心理学视域下的大学生心理健康教育内容

一、促进自我潜能的开发

(一)塑造积极个人特质

依据积极心理学理论,人的价值体现和主观积极的心理品质有着密不可分的关联。人在现实生活中会参与怎样的事件,对他们的问题解决能力有着决定性的影响。

一个人的情绪会在一定程度上影响其今后的生活质量和人生体验。就过去而言，人们能够获得满足度等体验；就当下来说，人们可以获得美满或愉悦等体验；至于未来，人们则能够获得幸福感等体验。

过去一段时期，国内高校的招生规模不断扩大，大学生的数量呈现井喷式的增长态势，导致教育资源的分配出现各种各样的问题，也给大学生的就业带来了巨大的压力。时间一长，大学生觉得现实和自己的理想有着明显的差距，从而引起一系列的心理问题，对大学生的身心健康发展造成了负面的影响。由此可见，帮助大学生塑造健全的人格和良好的品质才是现阶段高校心理健康教育的重中之重。

大学生应具备积极的个人特质，这样才能更好地适应校园生活，对自己的潜力和价值有深刻的认识，形成强烈的自我意识，愿意去主动帮助他人，对他人报以耐心和包容心，从而实现自我价值。作为教育者，应尝试通过案例教学来促使大学生及时发现自己的心理健康问题，并指导大学生分析问题的形成原因，与大学生共同解决问题。大学生在参与一系列的心理健康教育活动的过程中，应积极表达内心的观点和看法，了解自身存在的问题，并在教育者的指导下找到解决问题的方法，从而有效地避免类似问题的发生。教育者应根据实际案例和具体情况对大学生作出引导和教育，让他们意识到心理健康对自身发展的重要性，从而促使大学生在校期间塑造良好的品质和健全的人格，为大学生积极品质的形成与完善奠定基础。

（二）培养积极情绪体验

积极情绪体验指的是一个人满足于过往、当下及未来的心理活动。

一旦大学生获得了积极的情绪体验，那么个体就能在参与实践活动的过程中消除负面情绪，较好地应对各种矛盾和冲突，从而构建良性发展的关系，为自我的健康发展和不断进步奠定基础。学者邓丽芳、郑日昌等在研究中强调，情感变量在某种程度上会受到症状自评量表（symptom checklist 90, SCL-90）的相关因子的影响。也就是说，大学生的正向情感和SCL-90中的因子有着显著的负相关关系，大学生的负面情感与SCL-90中的因子之间存在显著的正相关关系。因此，大学生的心理健康发展离不开积极情绪，积极情绪是促进大学生心理健康发展的关键因素。

积极情绪体验有助于提高大学生的社会适应能力。积极的情绪体验能够让大学生在参与心理健康教育活动的过程中获得主观的幸福感和满足感，让大学生对未来的生活和人生充满希望，帮助大学生获得一定的解决问题的能力和社会实践能力。

心理健康的构成要素很多，其中最为关键的是乐观向上的态度。就大学生而言，大部分人存在一定的情感问题，且集中表现为负面情感问题。因此，积极的情绪体验能够促进大学生的心理健康发展，是影响大学生心理健康的重要因子。作为教育者，应对大学生的情感进行科学合理的指导和激励，确保大学生能够在接受心理健康教育的过程中产生较强的自制力，采取不同的方法和手段来遏制不良情绪，从而获得积极的情绪体验。

（三）挖掘潜在的力量

高校应对大学生的潜能进行深度挖掘，激发大学生的求知欲和探索欲。随着社会的进步和发展，作为当代大学生应具备挖掘自身潜在力量的意识和能力，这也是现阶段教育改革与创新的重心。一方面，各大高校应注重提升学生的心理素质，让大学生在参与教育实践活动的过程中获得一定的面对挫折和抵御压力的能力；另一方面，应注重大学生自身创新创造能力的培养与提升，激发大学生的求知欲和探索欲。大学生潜在力量的挖掘有助于培养学生的创新能力和创造能力，是促进大学生个性发展和全面发展的有效途径，也是为社会培养创新型人才的必经之路。

（四）创建积极的环境

无论是积极的情绪体验还是积极的个人特质，这些都对积极的社会环境有着较强的依赖性。简而言之，二者都和当前的社会环境有着密切的关联。个体的人格特征取决于他的环境适应能力。也就是说，环境的好坏在某种意义上直接影响个体的特质和能力。实践已经证明，积极环境的构建来源于和谐的生活氛围和科学的社会制度。由此可见，大学校园的环境对大学生的心理健康发展有着决定性的影响，是关系大学生心理教育事业健康发展的重要因素。

要创设和谐的校园环境，首先要制定科学合理的校园规章制度，以此来规范学生的行为。只有积极的校风才能滋养良好的校园环境，才能确保大学生获得积极的情绪和情感体验。正能量的校风能够让大学生养成良好的风气和行为习惯，还能引导大学生在校期间树立远大的理想和正确的价值观，为大学生的身心健康发展打下坚实的基础，创造有利的环境条件。校园环境的创建涵盖各个方面的内容，比如课程的优化设计、深入的学术研究及丰富的社会实践等。大学生在参与各项活动的过程中，能够产生强烈的自我发展意识，可以与他人建立起良好的人际关系，并实现自我发展。

（五）挫折教育

大学校园在某种意义上可以理解为大学生在真正进入社会之前所处的模拟化的环境。一般来说，虽然大学校园和真正的社会环境相比在许多方面有着明显的差别，但是我们仍旧可以将其视为一个半开放的社会化环境。大学生处于这一环境中，对世界有着强烈的好奇心和求知欲，他们往往喜欢探索未知的事物，进而促进自身的成长和发展。这些事物有些是美好的，有些是负面的，但都与大学生的成长和发展有着密切的关联。那些负面因素会导致大学生面临各种挫折和失败，这是无法规避的，也是大学生个人成长和发展道路上必须经历的。因此，教育者应该引导大学生积极面对成长道路上遇到的挫折和困难，从中磨炼自己的意志，树立远大的理想，形成正确的价值观，为自我成长和发展做好充分的准备。

结合已知的或未知的问题，来设计大学生受挫及抗压训练的步骤和内容，如下所示。

第一，让大学生在身处困境或面临压力时能够保持信心。尽管困境和压力会导致大学生的情绪受到负面的影响，但从侧面来说也给大学生提供了进步和发展的机会，能够有效地激发大学生的潜能，让大学生获得不竭的动力和活力。困境和压力对大学生而言其实是一把"双刃剑"，大学生应掌握使用这把"剑"的方法和技巧，从而促进自身的心理健康发展。

第二，给大学生预留发泄和疏导的空间。大学生在日常生活和学习中难免会遇到挫折，在这种情况下教育者应为其提供心理发泄室等场所，让大学生的情绪得到适度的发泄和缓解。在必要的情况下，教育者应引导大学生通过运动或听音乐等方式来排解负面情绪。需要明确的一点是，在发泄和疏导时不可发生自残等恶性事件，也不能对他人的人身安全或心理健康造成威胁。

第三，鼓励大学生在参与实践活动中磨炼意志，增强自身的克制力。作为大学生，应具备抵御外部环境诱惑的毅力和意志，明确自我认知，在复杂的社会环境中不忘初心，坚定自我。坚毅意志的培养与完善，能够让大学生身处复杂的社会环境中以不变应万变，通过自己的努力达成发展的目的，在实践中总结教训，汲取经验，不断地完善自我。

第四，指导学生对面临的各种问题进行综合分析，让学生发现自己在生活和学习等各个方面存在的问题，并根据自身实际情况提出有效的解决方案，持续完善自我，在发扬优点的同时弥补不足。

二、以积极心理学为取向

（一）幸福感

大学生心理健康教育需强调让学生在接受教育的过程中获得幸福感，加深学生对主观幸福感的理解和认知，从而让学生沉浸式体验其中，从中汲取知识启迪智慧，并产生勇气、自律及包容等美德。大学生心理健康教育有助于培养学生的个人品质和道德素养，可以增进学生之间的人际交往，帮助学生获得幸福感。

（二）积极心理测量

心理测量是一种应用广泛的心理学测试手段，通过先进的积极心理测量技术来对大学生的心理健康水平进行测试，为大学生心理健康教育工作的有序开展提供重要的理论依据。积极心理测量可以为心理健康教育提供丰富的研究和实验数据，还能根据大学生的个体特点来使其获得积极情绪和体验。第一，大学生能够真正了解自己的优点和缺点。第二，让大学生意识到自己的与众不同。第三，激励大学生发扬自己的优点。第四，帮助大学生树立正确的价值观，从而有效地解决学生长期以来面临的心理问题。第五，引导大学生积极参与心理健康教育活动，加深大学生对自己的了解和认识，为后续的积极干预奠定基础。

（三）积极心态

积极心理学理论能让大学生获得学习的力量，培养大学生的积极品质，促使大学生产生积极的情绪和情感体验等。根据大学生的积极体验获得情况来培养大学生的积极心态，让大学生形成乐观向上的性格，真正意识到积极心态对自身成长和发展的重要性。通过案例分析和情景创设，大学生在体验的过程中产生积极的心理变化，进而为其积极心态的形成与发展奠定基础。

（四）积极的社会实践

大学生可通过参与一系列的实践活动来获得积极的体验，基于自身掌握的知识和技能来为社会建设与发展作出贡献，从中获得愉悦感和幸福感，进而促进自身的身心健康发展。积极心理学视域下的大学生心理健康教育在原有心理健康教育内容的基础上增加了一些新的项目，比如社会实践。社会实践有助于大学生增加与外界环境接触和交流的机会，促使大学生在参与社会实践活动的过程中形成健全的人格和良好的品质，为大学生的个性发展和全面发展创造有利的环境条件。

（五）积极的自我教育

积极的自我教育对大学生个体的积极品质形成有较强的作用。积极的自我教育有助于大学生产生积极乐观的心理，是增强大学生社会适应能力的有效路径。按照积极心理学理论，每个人都蕴藏着深不可测的潜在力量，都有着各自发展和进步的能力。从高校心理健康教育的层面来讲，应由教育者引导学生对自身潜在的积极心理品质进行深度挖掘和合理利用，从而帮助大学生在潜移默化中塑造积极的人格和品质。

作为大学生，应具备积极的心理品质。只有这样才能有效地预防和规避各种各样的心理问题，才能确保更好地适应社会。大学生积极心理品质的培养与完善需考虑性别差异和个体差异，通过积极的自我教育来促使大学生树立正确的价值观，为大学生的身心健康发展提供支持与保障。

第三节 积极心理学视域下大学生心理健康教育的策略

心理健康教育工作的开展要求各参与主体相互协助、积极配合，应由高校管理者主导，由教师、家庭和社会等主体相互配合，由大学生予以落实。心理健康教育工作的开展需要以积极心理学理论作为指导依据，强调学校、社会、家庭及大学生各方主体的通力协作，切实考虑外部和内部因素所造成的影响，采取一系列的措施和手段来提升大学生的心理健康水平。

一、发挥学校教育的主渠道作用

（一）加强师资建设，提高心理健康教育的师资队伍水平

高校心理健康教育工作的有序开展离不开师资力量的建设。我国开设心理健康教育课程在时间上相对滞后，导致现有的师资建设力度和程度很难满足现实需求，亟须展开深入的研究和探索。师资建设对教师队伍整体素质和水平的提升有着至关重要的作用，是有效解决高校心理健康教育问题的关键。

第一，作为高校主管部门，应经过深入的调研和考察来设计科学的高校师资培训方案，设立独立专项的师资培训基地，在政策和资金等方面提供有力的支持和保障。合理安排培训内容，采取科学可行的考核办法，对上岗资格进行规范，确定基本的标准和要求，通过这些手段和措施来有效提升高校的师资队伍水平。

第二，重视教师的心理健康发展。教师肩负培养人才的重任，既要熟练掌握各种教学技能和方法，也要注重自身道德修养的发展，只有这样才能对学生的行为产生积极的影响。

第三，高校应在政府的指导下落实教育改革政策和制度，适当增加教育投入，对现有的制度体系进行优化升级。通过制度建设切实保障教师的合法权益，为教师提供良好的福利待遇，不断地提高教师在社会上的地位，真正实现尊师重教。激发教师的工作热情，扩大师资团队的规模，提高师资队伍的整体水平。

（二）加强实践教学，增进大学生积极情感体验

心理学研究结论证实，"情绪情感深刻影响着人类智能的发展"[①]。情感情绪的获得来自实践和体验，只有真实的体验和实践才能有效地提高人的发展能力。实践活动可以让大学生把所学的知识和技能应用在现实生活中，持续扩大知识的影响范围，在理论与实践、高校与社会之间架起一座桥梁。

作为高校的管理者，需积极组织大学生参与一系列的社会实践活动，高校应建设现代化的实践基地，为理论教学与实践检验的深度结合提供平台和场所。应彰显大学生的个性，发扬大学生的优点和特长，加深大学生对理论知识的理解，促使大学生在学习的过程中形成系统的思维，获得一定的自主探究能力和自主学习能力，提升大学生的创造能力和创新能力。倡导大学生自发地参与各种各样的公益活动，让大学生获得更多接触社会和了解社会的机会，规范大学生的

---

① 朱翠英，胡义秋. 大学生积极心理素质教育研究 [M]. 北京：人民出版社，2015：111.

行为，积极影响大学生的思维和思想，持续提高大学生的综合素质和关键能力。

（三）创设挫折情景，提高大学生的抗挫折能力

挫折情景教学指的是由教师结合既定的教学内容与教育目标，以情景教学的方式对学生进行挫折教育的教学手段。学生在参与其中时能够获得积极的情感体验，并同时完成知识的迁移和内化，在潜移默化中不断地提高自身的抗挫折情景教学能力。挫折的组成涉及三个要素，即挫折情景、挫折认识与挫折应对。

大学生可以通过不断的学习和锻炼来提高对挫折的应对能力。一方面，大学生在教师的课堂教学中能够掌握丰富的知识技能，拓宽视野，扩大知识面。另一方面，教师需根据学生的发展需要和学习情况来为其创设丰富的挫折情境，让大学生能够准确把握挫折的定义，分析挫折形成的根本原因，并基于自身所学的知识和技能来应对挫折。挫折情景教学有助于培养学生的积极、乐观心态，是增强学生心理承受能力与抗挫折能力的有效措施。

（四）开展社团活动，塑造大学生的积极心理品质

丰富多彩的社团活动有助于培养大学生的思维、思想和交流能力，在某种意义上可认为是大学生的"第二课堂"。站在高校的角度，需切实体现社团对大学生积极心理品质形成与发展的重要作用。

一方面，应注重社团学生干部队伍的建设与发展。通过层层筛选组建一支能力强、素质高的大学生社团学生干部队伍，经过专业的培训和考核竞争上岗，为学校各项社会活动的组织与开展提供支持与保障。另一方面，应尝试社团活动与心理健康教育的相互结合，为课堂教学提供辅助，确保学校各项教学活动的有序开展。让大学生在参与活动的过程中形成一定的发展能力，塑造健全的人格和良好的品质。大学生社团在类型和形式上多种多样，能够培养大学生的各项关键能力。以公益服务类的社团为例，能够促使大学生在参与活动的过程中产生强烈的服务意识和崇高的奉献精神；以技能类的社团为例，能够促使大学生学习和掌握丰富的实践技能。社团成员应在社团负责人的组织和带领下，积极参与丰富多样的社团活动，积极参与社团活动的策划和实施，发扬个人的优点和特长，形成强烈的团队意识和团队凝聚力。

（五）加强校园建设，营造和谐的育人环境

根据积极心理学理论，人的发展并非完全取决于遗传因素，还会受到社会环境和个体差异的显著影响。接受教育和学习知识有助于培养人的心理素质，

但想要获得理想效果，还需要文化的感染和熏陶。校园文化的建设与发展有助于净化大学生的心灵，陶冶大学生的情操，是改造大学生内心世界的重要一环。

注重校园建设，为大学生创设和谐的育人环境。根据大学生的发展需要和个体差异来优化配置基础设施，在校园内组织开展一系列的绿化工作，设计多元化的人文景观。此外，高校应联合相关部门共同治理学校周边环境，为校园工作的顺利开展提供保障。通过校史宣传、优秀校友事迹的传播等方式激励大学生不断进步，持续发展。大学生在校园环境的影响下，能够磨炼出坚强的意志，养成良好的生活和学习习惯，形成高尚的道德品质。

二、注重家庭教育的影响力

长期以来，家庭都被认为是学校继续教育的前提和基础，对高等教育的成效有着深刻的影响。习近平总书记曾多次表示："家庭的教育作用和功能不会随着社会发展而改变。"

（一）学习心理健康教育相关知识

父母对子女的教育往往能够发挥积极引导的作用，但也不排除会造成负面的影响。父母在教育孩子的过程中，也应注重自身的发展和进步，以自己的一言一行和思想品质给孩子带来积极的影响，确保家庭的教育功能和作用得以在实践中充分体现。

我们应该从两个方面来论述大学生的心理特征。一方面，大学生这一特殊社会群体的心理通常表现出一定的普遍性；另一方面，每一个大学生个体都有着明显的心理特殊性。作为父母，应密切关注子女心理发展，用合适的方法和手段对子女进行心理健康教育，从中发现问题、分析问题，并解决问题，让子女能够无忧无虑地健康成长。

（二）营造温馨的家庭教养氛围

子女的心理健康发展离不开民主、温馨的教养氛围。作为父母，应扮演导师、引路人与朋友等身份角色，进而营造良好的家庭氛围，促进子女的心理健康发展。

一方面，父母需采取民主型的教育方式对子女进行心理健康教育，为子女提供表现自我的机会和平台，给予子女的人格足够的尊重和理解。父母应在日常生活中对子女的优点和特长进行表扬，帮助子女建立自信心，与子女共同解决问题。

另一方面，在家庭教育中融入真情实感。作为父母，应在家庭教育中投入真情实感，用真心来换取子女的信任和理解，培养子女的积极情绪和情感，让子女在和谐的家庭氛围中茁壮成长。同时，父母应通过与子女的交流和互动来了解其兴趣爱好和特长，从而为子女提供学习和发展的平台与机会，培养子女的创造能力和创新能力。

（三）运用恰当的激励教育方式

美国著名心理学家威廉·詹姆斯（William James）在研究中强调，"人们都渴望得到他人的尊重和赏识"。我们在获得来自他人的肯定和鼓励时，往往能够获得积极的情感情绪体验，从而发扬优点，弥补不足。激励能够让人获得身心的愉悦，可以激发人的潜能和发展动力。[①] 也就是说，激励有着重要的教育作用，是促进人发展的有效手段。

大学生正处于人生成长和发展的重要阶段，理应得到来自父母的理解和支持。作为父母，应在生活中关注子女的优点和特长，鼓励孩子积极进取、不断进步。父母应适当把握精神激励和物质激励的度，多鼓励子女，不能一味地批评和指责。父母在教育子女时，应保持足够的耐心和包容心，需重视对子女的引导和鼓励，而不是过分地批评和惩罚。作为父母，要为子女树立学习的榜样，在情绪管理、思想觉悟等方面做出表率，帮助子女从小树立正确的价值观，在学习和生活中完善自我。

（四）建立积极的亲子关系

积极的亲子关系有助于满足大学生的心理发展需求，是构建和谐家庭的有效途径。受到年龄、习惯及兴趣等各方面因素的综合影响，亲子关系经常会面临各种各样的考验和挑战。作为父母，应根据子女的身心发展特点来采取针对性的教育方法，进而建立和谐、积极、正向的亲子关系。

一方面，应形成正确的亲子观。根据现实经验可知，权威型的亲子关系会对家长和子女的交流和互动带来负面的影响，情况严重时还会滋生出难以调和的亲子矛盾。大学生是一个特殊的社会群体，他们一般有着强烈的自我意识，渴望得到家长的认可和肯定。作为父母，应给予子女足够的空间，让他们能够做一些自己喜欢的事情。另一方面，要重视家长与子女间的互动和交流。作为父母，应重视和子女的日常交流，充分尊重子女的人格，引导子女表达内心所

---

① 郑雪. 积极心理学 [M]. 北京：北京师范大学出版社，2014.

想，和子女建立起一种牢固的信任关系。积极的亲子关系有助于增进父母和子女之间的情感互动，能够让子女敞开心扉，让二者成为精神上和思想上的朋友。只有这样，父母才能真正了解子女的成长情况，进而及时察觉到问题，并与子女共同解决问题，为子女的身心健康发展提供保障。

三、构建社会教育的支撑系统

依据积极心理学理论，积极的社会育人环境有助于社会教育事业的健康发展。人与环境之间有着密不可分的关系，也发生着复杂的相互作用。人能够通过知识和技能来改变环境，而环境反过来也对人的行为和思想产生深刻的影响。由此可见，教育需要以社会为平台和载体来体现教化和引导的功能。

（一）营造积极向上的社会道德风尚

良好的社会风尚对一个国家一个民族的发展有着深刻的影响，是国家和民族文明发展的象征。如果我们身处的社会环境是和谐、美好的，那么我们在生活中将是精神愉悦和心情舒畅的，这对持续提高国民的整体素质有着积极的影响，也能促进大学生心理健康水平的不断提升。

首先，相关部门应注重日常宣传与教育，促使社会公众形成良好的道德认知，借助新媒体和传统媒体平台宣传社会公德建设对社会文明发展的重要性。对先进典型事迹和人物进行大力宣传，在全社会范围内表彰和推广。对那些不道德的行为举止或不正确的观念进行抨击，有效遏制一切形式和内容的不正之风，为公民创建和谐的道德环境，促使公民形成较强的公德意识，树立正确的价值理念。其次，注重社区建设。作为社区组织，应倡导公民追求文明和健康的生活方式，积极参与各种形式和内容的社区公益活动，给予孤寡病残等弱势群体足够的关心和爱护，让他们感受到社会对他们的关怀。强调社区内居民之间的互动和交流，形成互帮互助的邻里关系，携手共创美好的社区生活环境。与此同时，公民应以身作则，形成正确的社会公德观念，形成良好的公共意识，创设和谐、积极的社会氛围。

（二）发挥媒体正向的舆论导向作用

媒体应发挥正向的舆论导向作用，为大学生明辨是非提供重要的理论指导。习近平总书记曾多次指出，新闻媒体工作者，应时刻把正向传播当成新闻传播的主要原则和任务,深入贯彻上级部门制定的指导方针。社会大众传媒应成为引领时代发展的引领者和先驱者。一方面,确保社会舆论的引导和传播是积极的。作为大众传媒,需具有强烈的社会责任感和使命感,在价值导向上坚守初心,重视正向积极的社会宣传,既要强调创造可观的经济效益,也要注重获得更多的社会效益。面对社会热点问题或重大事件,作为宣传者应冷静谨慎,把握好尺度和标准,营造积极和谐的舆论氛围。应为好人好事的宣传和报道提供更多的渠道和平台,激励公民发现人性的光辉和可贵,让民众自发寻找闪光点。时刻强调社会正能量的传播,为积极向上精神的宣传和推广奠定基础,让大学生从中汲取养分,为大学生提供源源不断的精神动力。另一方面,传媒在体现娱乐功能的同时,还应该发挥教育作用。作为新闻传播部门,需根据当代大学生的兴趣和喜好来创作作品,让大学生接受精神文明的熏陶。

(三)培育理性积极的社会心态

培育理性积极的社会心态有助于推进社会健康发展,是构建和谐社会的关键任务。在利益的驱使下,一些人逐渐变得急功近利或心浮气躁,这对社会的健康发展是不利的,也在一定程度上影响了当代大学生的身心发展。因此,社会成员应在参与一系列实践活动的过程中培育出理性积极的心态,以健康的心态面对社会中的各种矛盾和问题,采取有效的措施和手段来解决利益问题,切实保障社会公众的合法利益,也为大学生的身心健康发展创建和谐、民主、安定的社会环境。

一方面,作为社会成员应具备较强的法律意识,禁止以情绪化的思维和行为来解决矛盾,有效降低社会负面事件发生的概率,维持社会的安定与和谐。

另一方面,应尽快落实对社会成员的心理建设,真正了解大众的诉求,形成健全完善的权益保障机制。面对社会弱势群体时,应为其提供精神和物质方面的支持与帮助。此外,还应该注重民生环境的改善,制定科学可行的服务政策,切实保障民众的合法权益,创设公平、民主的竞争环境,为大众的自我发展提供平台和机会。同时,可借助新媒体来传播和推广心理健康教育,让社会成员意识到心理健康对自身发展和社会建设的重要意义,从而自发地参与其中。

四、发挥大学生的主观能动性

人可以根据实际情况和需要来调节情绪和心境,从而实现自我价值。教育家第斯多惠(Diesterweg)在研究中强调,"发展与培养只能通过行为主体的个人努力和付出来实现，是不能传播给其他人的。也就是说，人的进步与培养来自内在的调节。"作为大学生，应该通过自我调节来解决各种各样的心理问题，不断地提升心理素质，在生活和实践中超越自我。作为大学生，应通过个人的奋斗和努力，增强自身的心理健康。

（一）形成积极的自我认知，提高自我效能感

积极的自我认知对人的人格塑造和健全有着积极的意义，是一个人树立自信的必要因素。心理学研究表明，"只有准确认识自己才能探究事实的真理，才能获得更强的社会适应能力。人一旦出现了自卑或自负等心理，势必会增加紧张和压力，从而出现各种各样的心理健康问题。"作为大学生，应根据相关的反馈信息来了解自己，正确对待是非成败，发扬自己的长处和优点，弥补自身的缺陷和不足。

一方面，利用社会比较策略来加深对自我的认识，形成强烈的自我意识。作为大学生，应根据与他人的比较结果来认识自己，明确自己的缺点和优点，通过取长补短来不断地完善自我。作为大学生，不能自负，也不能自卑，应正确看待人与人之间的能力和天赋差异，在学习别人长处的同时，弥补自己的短板。同时，大学生应注重自我反省，加深对自己的了解和认识。

另一方面，大学生应积极悦纳自己。人与人之间不存在高低贵贱之分，只在特点上有着一定的差别。作为大学生，应在生活和学习中发挥自己的优点，不断地完善自我，正确看待自己的缺陷和不足，并通过自己的努力和付出来改正缺点，这样才能持续进步。美国著名心理学家沙赫特（S.Schachter）在研究中明确指出："人应该具备各种能力，但更重要的是要有战胜困难的自信。"大学生在成长和发展的过程中，必然会遇到各种各样的挫折和困难。在这种情况下，大学生应该保持理性和冷静，对失败的原因进行综合分析，时刻保持乐观积极的态度和情绪，通过自己的努力和奋斗来解决问题，只有这样才能在生活和学习中不断进步，持续发展。

（二）建立和谐的人际关系，增强朋辈的支持力

马克思曾多次强调，人的本质是一切社会关系的总和。和谐的人际关系能够帮助我们塑造健全和完整的人格，让人与社会产生密切的联系，进而促进人的发展。作为大学生，应注重与他人建立和谐的人际关系，只有这样才能提高大学生对社会的归属感，促使大学生产生积极的情绪，培育出积极的心理。和

谐的人际关系能够让大学生获得来自朋辈的积极支持，从而帮助大学生实现自我发展。根据相关调查结果可知，当大学生面临心理问题时，往往会找身边的朋友倾诉，或希望朋友能够提供帮助，如果大学生可以得到来自朋辈的支持，那么他们将会获得幸福感和满足感。

作为当代大学生，应学会和身边的朋友保持和谐的人际关系，融入和谐的集体环境中。大学生在与他人进行社会交往的过程中，应以真诚和热情待人，在帮助他人时不能一味地考虑是否会得到回报。大学生应根据实际情况对朋友提出合理的建议和意见，不能一味地奉承他人，或对他人的名誉和人格进行诋毁。假设大学生面临负面的情绪困扰，可以借助自身的人际关系来获得朋辈的帮助，从而渡过难关。此外，大学生在发现别人正处于困难时，也应积极为其提供力所能及的帮助，比如倾听朋友的心声，与朋友一起讨论解决问题的方法。

（三）确立合理的人生目标，增进主观幸福感

奋斗目标在一定程度上会对人的行为产生激励作用，可以为一个人的成长和发展指明正确的方向。罗杰斯（Rogers）认为，理想自我与现实自我之间一旦出现了明显的反差，那么人就会滋生出负面的不良情绪。反过来讲，假设理想自我与现实自我之间非常接近，那么这个人的心理健康水平就比较高。

合理的目标往往表现出一定的明确性和可实现性特征。首先，人要明确自身发展和进步的目标。只有确定了目标，才能找到进步和发展的方向，才能通过自我的努力和付出来达成目标。其次，应确保设定的目标是可以实现的。阿尔伯特·班杜拉（Albert Bandura）在研究中明确指出："难度适中的目标可以让人获得前进的动力，并让个体在达成目标的同时获得积极的情感和情绪体验。"目标的设立不能太难，也不能太简单。如果设置的目标太难而难以达成，就会导致人的内心出现严重的挫败感，不利于树立自信心；如果设置的目标过低，则会影响个体达成目标以后获得的幸福体验。由此可见，大学生应在教师的指导下掌握设置合理的人生目标的方法，并基于自身的努力和付出来达成目标，从而在这个过程中收获幸福感和满足感，为自身的成长和发展奠定基础。

（四）坚持适度的体育锻炼，锤炼坚强意志品质

身体素质在某种程度上能够影响大学生心理品质的形成和心理机能的发挥。大学生正处于生长发育的重要阶段，应该通过参与体育锻炼活动来增强自身体质，只有这样才能以更好的状态和精神参与社会活动。英国著名教育家约翰·洛

克（John Locke）在其发表的《教育漫画》中指出，身体健康对人的发展有着至关重要的作用和意义。在他看来，健康的心理离不开强健的身体，只有身体健康才能确保工作和生活的有序进行。

体育锻炼是培养大学生意志和品质的重要途径。大学生应通过参与长跑等体育活动来磨炼自己的意志和耐力，从而更好地适应社会生活。大学生在毕业之际面临就业或升学的压力，他们的生理和心理都会出现疲劳和紧张等状况。如今，各种各样的暴力事件在我国高校时有发生，给大学生的心理健康发展带来了严重的负面影响，这些问题亟须引起教育者的关注和重视。要想改善或消除类似的现象，既要注重大学生的心理健康教育，也要强调大学生的体育锻炼。根据国际运动心理协会公布的相关报告，运动能够缓解人的负面情绪，可以给人带来正向积极的情感和情绪效应。一些专家表示，体育运动能够让大学生的身体释放出大量的多肽物质，从而增加其满足感和愉悦感，这对大学生的心理健康发展有着积极的影响。

# 第七章

积极心理学视域下大学生心理健康教育课设计原理

第一节 大学生心理健康教育课概述

一、积极心理学视域下大学生心理健康教育课的定义与特点

当今社会，随着竞争的加剧和压力的增大，大学生的心理健康问题日益凸显。为了应对这些挑战，大学生心理健康教育课显得尤为重要。积极心理学作为一种新的心理学流派，为大学生心理健康教育课提供了新的视角和方法。

（一）积极心理学视域下大学生心理健康教育课的定义

积极心理学视域下的大学生心理健康教育课，是指在大学教育体系中，以积极心理学理论为基础，通过多样化的教学方法和手段，帮助大学生认识自己的优势和价值，培养积极情感和品格，提升心理素养和幸福感，以应对学业、人际、就业等多方面的压力和挑战。这类课程不仅关注心理问题的预防和解决，更注重促进大学生的心理健康成长和发展，帮助他们培养积极的心态，实现自我潜能的开发。

（二）积极心理学视域下大学生心理健康教育课的特点

1. 就其教育目的而言，具有鲜亮的社会主义底色

大学生心理健康教育课的目的不仅限于解决大学生个体层面的心理问题，更在于培养大学生的社会主义核心价值观，促进他们形成积极向上的社会心态，这一特点鲜明地体现了课程的社会主义底色。通过融入爱国主义、集体主义、社会责任等教育内容，引导大学生将个人成长与国家发展紧密结合，培养其成为有理想、有道德、有文化、有纪律的新时代青年。积极心理学鼓励从优势视角出发，强调发现并强化大学生的内在力量，与社会主义核心价值观的教育目标高度契合，共同构建大学生积极向上的精神世界。

2. 就其主导权而言，具有过硬的政治底气

党对高校的全面领导，为心理健康教育课提供了坚实的政治保障和过硬的政治底气。课程设计、教学内容、教学方法等均需紧密围绕党的教育方针，确保心理健康教育的正确导向。同时，积极心理学的应用也需在尊重科学、遵循规律的基础上，融入国情教育、政策解读等内容，以增强大学生的政治认同感和归属感。

3. 就其工作对象而言，必须严守工作底线

面对多样化的大学生，大学生心理健康教育课在工作对象上需秉持"三全"育人的理念，同时必须严守工作底线，包括尊重大学生的个体差异，保护大学生隐私，遵守伦理规范，不泄露大学生的信息，不触及法律红线等。积极心理学强调正面关注与引导，要求教育者以包容、理解的态度面对大学生的多样性，同时也要有清晰的工作界限，确保心理健康教育工作在合法合规的框架内有序开展。

4. 就其组成内涵而言，具有深厚的文化底蕴

大学生心理健康教育课不仅是一门科学，更是一门艺术，其组成蕴含着深厚的文化底蕴。积极心理学理论本身就植根于人类文化的沃土之中，吸收了古今中外优秀文化的精髓。在课程内容上，心理健康教育课可融入中华优秀传统文化的智慧，如儒家的仁爱、道家的自然无为、佛家的慈悲为怀等，以及现代社会的多元文化元素，形成独具特色的课程文化。这种文化底蕴的融入，不仅能够丰富课程内容，还能增强大学生对传统文化的认同感和自豪感。

5. 就其表达方式而言，具有丰富的教育形式

积极心理学视域下大学生心理健康教育课在表达方式上追求多样化、创新性，拥有丰富的教育形式。这包括运用案例分析、角色扮演、小组讨论、心理剧等互动式教学方法，以及利用互联网、大数据、人工智能等现代信息技术手段，为大学生提供更加生动、便捷的学习体验。同时，课程还注重理论与实践相结合，鼓励大学生将所学知识应用于日常生活中，实现知识的内化。这种丰富多样的表达方式，使得心理健康教育课更加贴近大学生的实际，更加具有吸引力和感染力。

二、大学生心理健康教育课的意义

（一）在学校教育中的作用

1. 早期识别与干预

大学生心理健康教育课通过引入积极心理学的理念与方法，如乐观解释风格训练、感恩练习等，帮助大学生建立正面的情绪调节机制，增强心理韧性。这不仅有助于在早期识别大学生的心理问题苗头，还能通过及时的心理干预，有效地预防和缓解焦虑、抑郁等常见心理障碍，维护大学生的心理健康状态。

2. 营造积极的校园文化

课程内容的积极导向能够潜移默化地影响大学生的心态，促使校园内形成关注心理健康、崇尚积极生活的文化氛围。当大学生开始主动探索个人优势、培养感恩之心、建立良好人际关系时，整个校园氛围将变得更加和谐、向上，为大学生的学习和生活创造良好的心理环境。

3. 提高教育教学质量

（1）激发学习动力

积极心理学强调内在动力的重要性，认为当学习被赋予意义，与个人的兴趣、价值观相契合时，学习效果最佳。心理健康教育课通过引导大学生发现学习的乐趣，树立成长型思维，能有效地激发大学生的学习动力，提高其学习效率和质量。

（2）增强学习自我效能感

课程中的自我效能感训练，如目标设定、成功体验分享等，能够帮助大学生树立对自己能力的信心，减少学习中的畏难情绪。当大学生相信自己能够克

服困难、接受挑战、取得进步时，他们将更加积极地投入学习，勇于探索未知领域，从而提升整体教育教学质量。

4. 提升教师专业素质

（1）更新教育理念

积极心理学的引入促使教师重新审视教育目标，从单一的知识传授转向关注大学生全面发展，特别是心理健康与幸福感的培养。这种教育理念的转变，要求教师不断提升自身的专业素养，学习并运用积极心理学的理论与方法，以适应新时代教育的需求。

（2）增强师生互动能力

心理健康教育课强调建立积极的支持性的师生关系。教师在课程中展现出的关爱、尊重与理解，不仅能促进大学生的心理健康，也能促使教师反思并提升师生互动能力，构建更加和谐、高效的课堂环境。

5. 促进大学生全面发展

（1）实现全面发展

积极心理学视域下的大学生心理健康教育课不仅关注大学生的心理健康，还鼓励大学生发掘自身潜能，培养领导力、创造力等核心素养。通过多样化的教学活动，如团队合作项目、社会实践等，促进大学生全面发展，为未来的职业生涯和社会生活奠定坚实的基础。

（2）增强社会适应能力

面对复杂多变的社会环境，具备良好的社会适应能力是大学生必备的能力之一。大学生心理健康教育课通过教授情绪管理、人际沟通等技巧，帮助大学生建立健康的人际交往模式，增强社会责任感和适应能力，使他们能够更好地融入社会，实现个人价值与社会价值的统一。

（二）在班级建设中的作用

1. 增进大学生之间的相互了解

积极心理学强调，人与人之间的联系与理解是幸福感的重要来源。大学生心理健康教育课通过组织团队建设活动、心理游戏等形式，为大学生创造了一个安全、开放的交流空间。这些活动鼓励大学生主动表达自我，倾听他人，从而在轻松愉悦的氛围中增进了解，建立基于信任和支持的班级关系网。这种深厚的同学情谊，为班级后续的协作与互助奠定了坚实的基础。

2. 促进大学生之间分享经验

课程中的小组讨论、案例分析等环节，鼓励大学生分享自己在学习、生活、情感等方面的经历与感悟。这种经验分享不仅让大学生意识到每个人的独特性，也让他们学会从多角度看待问题，从中汲取力量和智慧。通过相互启发，大学生能够形成更加开放、包容的心态，共同探索解决问题的新途径，促进班级内部的经验交流与知识共享。

3. 促进大学生之间分享多元价值观

积极心理学倡导尊重与接纳多样性。在大学生心理健康教育课上，教师通过引导大学生探讨不同的价值观、生活态度及人生追求，帮助大学生认识世界的多元性与包容性。这样的课堂氛围鼓励大学生勇于表达自己的观点，同时也学会尊重并理解他人的选择。这种价值观的碰撞与融合，不仅丰富了班级的文化内涵，也促进了大学生个体在尊重差异中成长，形成更加成熟、多元的价值观。

4. 为大学生提供有效的行为反馈

大学生心理健康教育课还注重培养大学生的自我认知与自我反思的能力。通过角色扮演、情景模拟等活动，大学生可以在模拟的情境中观察自己的行为表现，接受来自教师及同伴的反馈。这种即时且具体的反馈机制，有助于大学生认识到自身的优势与不足，从而进行有针对性的调整与改进。这种积极的反馈循环，不仅能促进大学生个人行为的优化，也能提升班级整体的凝聚力与执行力。

5. 提高大学生的问题解决能力

面对大学生活中的各种挑战，问题解决能力显得尤为重要。大学生心理健康教育课通过教授大学生积极应对压力、有效沟通、情绪管理等技能，帮助他们构建一套解决问题的思维框架。同时，心理健康教育课还鼓励大学生将所学应用于实际生活中，通过实践锻炼提高解决问题的能力。这种从理论到实践的转化，不仅能增强大学生的自信心，也使他们在未来面对不确定性时能够更加从容不迫，为班级及个人的长远发展奠定坚实的基础。

三、积极心理学视域下大学生心理健康教育课的构成

在高等教育体系中，心理健康教育课不仅是传授知识的平台，更是塑造大学生健全人格、培养积极心理品质的重要阵地。积极心理学作为新兴的心理学思潮，强调关注人的优势与潜能，致力于促进个体幸福及社会的发展。笔者将

从教学目标、教学内容、教学形式及教学评价等四个方面，探讨积极心理学视域下大学生心理健康教育课的构成。

（一）教学目标：关注大学生健全人格的养成

在积极心理学的指导下，大学生心理健康教育课的首要教学目标是促进大学生健全人格的养成。这一目标超越了传统心理学对问题解决的关注，转而聚焦于大学生内在力量的挖掘与培养。课程旨在帮助大学生认识到自己的独特价值，学会自我接纳与自我关爱，形成积极向上的人生态度。通过引导大学生理解情绪管理、压力应对、人际关系处理等关键技能，促进其心理韧性和社会适应能力的提升，最终达成全面发展、自我实现的目标。

（二）教学内容：培养大学生积极心理品质

在教学内容上，积极心理学视域下大学生心理健康教育课强调培养大学生的积极心理品质，包括但不限于乐观、希望、感恩、勇气、创造力等。课程可以围绕以下四个核心主题展开：一是情绪智力教育，帮助大学生识别、理解和管理自己的情绪，以及理解他人的情绪；二是积极认知训练，引导大学生以乐观的视角看待生活挑战，培养成长型思维；三是社交技能提升，鼓励大学生建立积极的人际关系，学习有效沟通与冲突解决的策略；四是自我实现探索，激发大学生的内在动力，追求个人潜能的最大化发挥。

（三）教学形式：以情景体验和同伴分享为核心

在教学形式方面，积极心理学倡导以情景体验和同伴分享为核心的教学模式。通过模拟真实场景或设计互动游戏，让大学生在参与中感受、体验并积极应对各种心理挑战，如角色扮演、情绪释放室、团队建设活动等。这些活动不仅能够激发大学生的学习兴趣，还能促进他们在实际操作中学习和掌握心理调适技能。同时，同伴分享环节则是鼓励大学生大方表达个人感受与经验，通过相互倾听和支持，建立情感联结，增强归属感与信任感，进一步巩固所学内容。

（四）教学评价：指向大学生可持续发展

教学评价是检验教学效果、促进教学改进的关键环节。在积极心理学视域下，大学生心理健康教育课的评价应指向大学生的可持续发展，即评价不仅要关注即时的学习成果，更要重视大学生在未来生活中应用这些知识和技能的能力与表现。因此，评价应采用多元化、过程性的方式，包括自我评价、同伴评价、教师评价及实践反馈等。评价内容应涵盖知识掌握、技能运用、情感态度及行为改变等多个维度，特别是要关注大学生积极心理品质的提升与健全人格的发展。此外，评价还应具有前瞻性和引导性，鼓励大学生持续探索自我、追求成长，为未来的生活与工作奠定坚实的心理基础。

四、积极心理学视域下大学生心理健康教育课的建构

大学生作为国家的未来与希望，其心理健康状况直接关系到个人成长、社会和谐与国家发展。重构大学生心理健康教育课程体系，不仅是对大学生个体全面发展的必要回应，也是践行社会主义核心价值观、培育时代新人的重要举措。笔者将从教育目的、主导权、工作对象、组成内涵及表达方式五个方面，探讨如何在积极心理学视域下建构大学生心理健康教育课。

（一）教育目的明确："为何教"——培育社会主义核心价值观，彰显社会主义底色

大学生心理健康教育课的首要任务是旗帜鲜明地培育和践行社会主义核心价值观。这要求课程内容紧密围绕爱国、敬业、诚信、友善等核心价值观，通过积极心理学的视角，引导大学生树立正确的世界观、人生观和价值观。在课程设计上，应融入中华优秀传统文化元素，让大学生在了解心理健康知识的同时，增强文化自信，形成积极向上的心理品质，为成为德智体美劳全面发展的社会主义建设者和接班人奠定坚实基础。

（二）主导权明确："谁来教"——打造中国特色师资队伍，强化政治底气

心理健康教育工作的成效在很大程度上取决于师资队伍的专业素养与政治站位。因此，必须打造一支具有中国特色、政治素质过硬、专业能力强的心理健康教育工作队伍。这支队伍应由心理学专家、思政教师、辅导员及心理咨询师等多方力量组成，形成合力。通过定期培训、学术交流、案例研讨等方式，不断地提升其专业素养和政治敏锐性，确保在传授心理健康知识的同时，能够正确引导大学生认识和处理各种心理困扰，坚守意识形态阵地。

（三）工作对象明确："对谁教"——把握时代特征，关注个体差异

新时代的大学生具有思想活跃、价值观多元化等特点，同时也面临着学业

压力、就业竞争、人际关系复杂等多重挑战。因此，心理健康教育课必须准确把握这一群体的时代特征，关注其个体差异，实施精准施教。通过问卷调查、心理测评、个别访谈等方式，了解大学生的实际需求和心理状态，制定个性化的教学方案，引导他们正确理解"生命、生活"的意义，培养其面对挑战时的韧性和自我调节能力。

（四）组成内涵明确："教什么"——博采众长，彰显文化底蕴与自信

心理健康教育课的内容应广泛吸纳国内外心理学研究成果，同时融入中华优秀传统文化的精髓，形成独具特色的课程体系。课程内容既要涵盖心理健康基础知识、常见心理问题识别与应对、压力管理与情绪调节等实用技能，也要融入我国传统哲学思想、人生智慧等人文元素，让大学生在学习中感受中华文化的博大精深，增强文化自信。此外，还应注重培养大学生的创新思维和批判性思维，鼓励他们积极探索适合自己的心理健康维护路径。

（五）表达方式明确："如何教"——丰富教育底牌，展现中国智慧

在教学方法上，应不断创新，采用线上线下相结合、理论与实践相结合、体验与反思相结合等多种方式，提高教学的吸引力和实效性。利用大数据、人工智能等现代信息技术手段，为大学生提供个性化学习资源和互动平台；通过角色扮演、团体辅导、案例分析等实践活动，增强大学生的参与感和体验感；同时，鼓励大学生开展自我反思和同伴互助，培养其自主学习和终身学习的能力。通过多样化的教学方式，向世界展示我国在心理健康教育领域的中国方案和中国智慧。

第二节 大学生心理健康教育课设计架构

一、积极心理学视域下大学生心理健康教育课的设计原则

（一）科学性原则

1. 教学目标设置的科学性

坚持教学目标设置的科学性是提高心理健康教育实效的必要前提。积极心

理学视域下大学生心理健康教育课程的教学目标应围绕提升大学生的主观幸福感、培养积极品质、优化心理品质等核心要素进行设置。这些目标需要与教学内容匹配,确保教学活动的针对性和有效性。教师需以科学严谨的态度进行教学,避免主观性和片面性,确保教学目标的实现路径科学合理。

2. 教学内容的科学性

教学内容的科学性体现在其全面性和系统性上。大学生心理健康教育课程应涵盖心理健康知识、心理问题的防治、心理应对策略等多方面的内容,以满足大学生不同的需求。同时,课程内容应基于最新的心理学研究成果,确保知识的准确性和前沿性。例如,可以引入积极心理学中的乐观品质培养、积极人格实现、良好社会关系构建等理论,帮助大学生更好地应对生活中的各种挑战。

(二)适宜性原则

1. 教学环境的适宜性

积极心理学认为人的经验是在环境中获得的,环境在很大程度上影响人的心理发展。因此,大学生心理健康教育课程应积极构建适宜的教学环境,为大学生提供良好的学习氛围。这样的环境有助于大学生更加自信、富有爱心,身心更加健康、更加快乐。教师可以通过创设良好的课堂互动、采用多元化的教学方法,营造积极向上的课堂氛围。

2. 教学方法的适宜性

教学方法的适宜性体现在其针对性和实效性上。大学生心理健康教育课程应采用多样化的教学方法,如案例分析、角色扮演、小组讨论等,使大学生能够真正参与其中,体会心理健康教育的实际应用。这些方法不仅有助于激发大学生的学习兴趣和积极性,还能帮助他们更好地理解和掌握所学知识。同时,教师应根据大学生的实际情况和需求,灵活调整教学方法和策略,确保教学效果的最大化。

3. 评估与反馈的适宜性

评估与反馈是检验教学效果的重要环节。积极心理学视域下大学生心理健康教育课程的评估应坚持适宜性原则,即评估方式应适合课程标准或教育大纲,同时适应教学改革和发展的需要。评估应全面、客观地反映大学生的学习情况和心理成长状况,为教师和学生提供有价值的反馈信息。此外,评估结果应及时地向教师和学生反馈,以便他们了解教学效果,及时调整教学策略和学习方法。

（三）系统性原则

1. 系统地促进大学生个体的全面发展

系统性原则强调高校应有组织地从多个方面促进大学生个体的全面发展。这要求大学生心理健康教育课程不仅关注心理问题的评估与矫正，更要以每个学生的终身幸福为教育目标。课程内容应融入乐观品质的养成、积极人格的实现、良好社会关系的建立，以及保持长久幸福的法则等，以引导大学生理解并培养自身的主观幸福感。通过系统的课程设计，高校可以全面、深入地促进大学生个体的心理成长。

2. 关注大学生个体发展的全过程

系统性原则还体现在对大学生个体发展全过程的关注上。大学生心理健康教育不应仅局限于课堂教学，还应渗透到德育、智育、体育、美育等各育之中，使各种教育、教学过程都成为有意识地培养大学生良好心理素质的过程。高校应关注大学生从入学到毕业的每一个阶段，通过持续的心理健康教育，帮助他们解决成长过程中遇到的各种心理困惑，实现心理健康的持续发展。

3. 强调建设高校环境系统与促进大学生个体发展同时进行

高校环境系统对大学生的心理健康成长具有重要影响。系统性原则要求高校在促进大学生个体发展的同时，也要注重环境系统的建设。高校应努力营造一个积极、和谐的校园环境，为大学生的心理健康成长提供有力的支持。通过优化校园环境、加强师生沟通、丰富校园文化活动等方式，高校可以构建一个有利于大学生心理健康发展的环境系统。

（四）可操作性原则

1. 多元化课程内容

可操作性原则要求大学生心理健康教育课程的内容应丰富多样，具有可操作性。课程内容应涵盖心理健康知识、心理问题的防治、心理应对策略等方面的内容。通过多元化的课程设计，大学生可以更加全面地了解心理健康知识，掌握有效的心理调适方法，提高自我解决心理问题的能力。

2. 实践性教学模式

心理健康教育课程应注重实践性教学，可通过案例分析、角色扮演、小组讨论等教学方法。实践性教学不仅可以激发大学生的学习兴趣和积极性，还可以帮助他们将所学知识应用于实际生活中，提高自我心理调适能力。

3. 强调心理资源的培养

在大学生心理健康教育课程设计中，应强调培养大学生的心理资源，如自我意识、自我管理、自我调适等。这些心理资源是大学生应对心理压力、解决心理问题的重要工具。通过系统的训练和培养，大学生可以逐渐掌握这些心理资源，提高自我解决心理问题的能力，实现心理健康的自主发展。

4. 教师引导和大学生参与相结合

可操作性原则还强调教师引导和大学生参与的结合。在大学生心理健康教育课程中，教师既是知识的传授者，也是大学生心理健康发展的指导者。通过教师的引导，大学生可以更好地理解课程内容，掌握心理调适方法。同时，大学生的积极参与也是课程成功的关键。通过小组讨论、角色扮演等活动，大学生可以更加深入地了解自己的心理状态，学会与他人合作解决问题。

（五）互动性原则：构建参与式学习环境

1. 增强师生互动

大学生心理健康教育课应在积极心理学的指导下，打破传统"讲授—接受"的教学模式，转而采用更加灵活多样的互动方式。教师可以通过小组讨论、角色扮演、案例分析等教学活动，鼓励大学生积极参与，表达自己的观点与感受。这种互动不仅有助于教师及时了解大学生的心理状态，还能增强大学生的自我认知与情感表达能力。

2. 促进生生互动

同伴支持是积极心理学中强调的重要概念之一。在大学生心理健康教育课程设计中应设置合作学习环节，鼓励大学生之间建立信任与支持的关系。通过开展团队项目、经验分享会等形式，让大学生在相互学习中发现彼此的优点，学会倾听与理解，从而培养积极的社交技能与情感联结。

3. 反馈与反思

互动不仅限于言语交流，还包括及时的反馈与深刻的反思。教师应鼓励大学生对自己的学习过程进行反思，同时提供具体、建设性的反馈，帮助大学生认识到自己的成长与不足。这种双向的反馈机制能够激发大学生的内在动力，促进其持续进步。

（六）多层性原则：满足不同大学生的需求

1. 内容分层

大学生心理健康教育课程应涵盖广泛的主题，包括但不限于情绪管理、压力应对、人际关系、自我认知等。在设计课程时，应根据不同的年级、专业及大学生群体的特点，进行内容分层。例如，针对大一学生，可以重点讲解如何适应新环境、建立人际关系等内容；而对于高年级的大学生，则可以深入探讨职业规划、情绪调节等更深层次的问题。

2. 目标分层

除了内容上的分层，还应根据大学生的心理发展水平与需求，设定不同层次的课程目标。对于心理素养基础较弱的大学生，目标可设定为增强自我认知、掌握基本的情绪调节技巧；而对于已经具备一定心理素养的大学生，则可以设定更高的目标，如培养领导力、提升自我效能感等。

3. 支持体系分层

构建多层次的心理健康教育支持体系，是确保大学生心理健康教育课程效果的关键。除了课堂教学外，高校还应提供线上资源、心理咨询、团体辅导等多种形式的支持服务。对于有心理困扰的大学生，应建立快速响应机制，提供个性化的干预方案，确保他们能够及时获得有效的帮助。

二、积极心理学视域下大学生心理健康教育课的设计架构

（一）大学生心理健康教育课程总体目标重培养促发展

积极心理学关注人的积极因素，以人的实际的、潜在的、具有建设性的力量、美德为出发点，提倡用积极的心态来看待问题和处理问题，在这一过程中激发人内在的积极力量和优秀品质。大学生心理健康教育课程设计的总体目标和积极心理学相契合，以引导大学生积极的自我认知和自我探索，发挥内在的潜能去重新发现自己，培养大学生积极的心理品质，促进其积极健康发展为目标。

（二）大学生心理健康教育课程内容设计重在培养大学生积极的心理品质

大学生心理健康教育课程侧重于通过大学生的心理和行为体验而获得心理成长。大学生心理健康教育课程内容设计重在培养大学生积极的心理品质。通过积极的情绪体验，激发积极的态度和动机，进行积极的自我认识与评价，从

而提升大学生积极的心理品质。大学生心理健康教育课程内容应始终贯穿积极心理学理念，注重实用性，针对大学生出现的人生定位不准、学习方式的变革、人际关系紧张等方面来设计课程内容。以南京晓庄学院为例，在大一新生心理健康教育课程中，导入积极心理学理念。针对大学生的特点，设计不同的模块进行单元教学，如心理健康与健全人生、自我与梦想、学习心理、情绪管理、人际关系、学涯与生涯规划、生命教育等十个不同主题的模块，在各模块的教学中渗透积极心理学核心理念。如在自我与梦想单元中，针对大学生设计进一步的自我探索——我是谁，从哪里来，到哪里去，在新的人生征途上梦想开始启航。

（三）大学生心理健康教育课程组织教学形式重在大学生的参与体验

积极心理学视域下的大学生心理健康教育课程要重视大学生的主观感受和体验，课程教学组织形式则应加强大学生体验的部分，让大学生在课程教学中能融入自己的亲身体验和情感投入，在与教师的互动中提升自己积极的心理品质。在实际的教学实践中，首先，要创设积极、安全的心理环境，通过如"大风吹""大树与松鼠""猜猜我是谁"等暖身活动引导大学生积极参与，调动课堂气氛；其次，要通过案例教学、心理情景剧等方式促进大学生感同身受，融入自己的积极情感，引领大学生进一步提升认识，升华情感体验；再次，通过分享与领悟鼓励大学生分享、交流自己的情感与思想，引导大学生进行积极的自我探索，从而实现积极的心理成长；最后，教师做总结整合，以积极心理学理念为核心，总结大学生的认知情况，帮助他们重新自我界定，得到积极的心理滋养。

（四）大学生心理健康教育课程教学评价重在实行多维度评价机制

心理健康课程不同于其他的课程，不是简单的理论灌输，而是一门注重参与体验的课程，是真正促进个人心理素质提升的课程。所以传统的课程评价模式显然不符合大学生心理健康教育课程设置的目的，在积极心理学视域下的大学生心理健康教育课程评价模式应实行多维度评价机制。以大学生主观体验为基础，以团体活动设计、自我分析报告、心理剧心理训练、角色扮演、心理测评、讨论、辩论、演讲等形式为手段，关注大学生在课程活动中的积极思维理念的获得、积极人格品质的培养、主观幸福感的形成等。

积极心理学视域下的大学生心理健康教育课程设计的创新旨在引导大学生

能实现积极的自我探索，发掘自身的潜能，在积极的情感体验中发展积极的个人心理品质，促进大学生的自我成长。在教学模式的改革创新中，以积极心理学为核心理念，践行实践，是每个教育工作者义不容辞的责任。

第三节 大学生心理健康教育课活动流程与体验设计

一、活动流程

（一）积极心理学视域下大学生心理健康教育活动的特点

1. 针对性强：精准对接大学生的成长需求

积极心理学强调个体差异与积极品质的培养，大学生心理健康教育活动因此更加注重对目标群体的深入了解与精准施策。针对大学生的年龄特点，如正处于青春期向成年期过渡的关键时期，其心理发展特点是既充满探索与好奇，也伴随迷茫与不安，活动设计需紧密围绕这一特点，关注大学生的自我认知、情绪管理、人际关系、职业规划等核心议题。同时，结合当代大学生面临的学业压力、就业竞争、网络成瘾、情感困惑等具体问题，通过问卷调查、小组讨论、个别访谈等方式，精准把握大学生的心理需求，设计出既具普遍性又富有个性的教育方案，确保教育活动的有效性和吸引力。

2. 实践性强：理论融入生活，体验促进成长

积极心理学倡导通过实际行动来激发个体的积极潜能，这一理念在大学生心理健康教育活动中得到了充分体现。实践活动不再局限于传统的课堂讲授，而是鼓励大学生走出教室，参与模拟情境、角色扮演、团队建设、户外拓展、志愿服务等多种形式的活动。这些活动不仅将心理学理论知识与大学生的实际生活和学习环境紧密结合，还能通过大学生的亲身体验帮助他们了解并掌握积极应对压力、建立良好人际关系、培养乐观心态等技能。实践性强的心理健康教育活动，让大学生在"做中学"，在"学中做"，有效地提升自我调适能力和社会适应能力。

3. 预防与干预相结合：构建全方位心理支持体系

积极心理学不仅关注个体积极品质的培养，也重视心理问题的预防与干预。

在大学生心理健康教育活动中，这一理念体现为构建一套集预防、筛查、干预于一体的全方位心理支持体系。一方面，通过普及心理健康教育知识、开展心理健康月和心理健康讲座等活动，增强大学生自我保健意识，预防心理问题的发生。另一方面，建立健全的心理筛查机制，利用心理测评工具定期对大学生进行心理健康状况评估，及时发现潜在的问题。对于已经出现心理困扰的大学生，则提供及时、专业的心理咨询与干预服务，包括个别咨询、团体辅导、危机干预等，确保每位大学生都能在有需要时得到有效的支持与帮助。

（二）积极心理学视域下大学生心理健康教育活动的原则

1. 以人为本，充分尊重大学生的主体性

（1）尊重与理解。首要原则是深刻理解和尊重每位大学生的独特性。每个大学生都是独立的个体，拥有不同的成长背景、性格特点和心理需求，因此，在心理健康教育活动中，应摒弃"一刀切"的做法，而应采用个性化、差异化的策略，确保每位大学生都能感受到被重视和被尊重。

（2）激发参与热情。通过设计富有吸引力、互动性强的活动，如角色扮演、小组讨论、心理剧表演等，激发大学生的参与热情，让他们在轻松愉悦的氛围中主动探索自我、表达情感、分享经验。这种主动参与的过程，能够极大地提升大学生的自我认知能力和情感管理能力。

（3）引导大学生主动体验与感悟。鼓励大学生通过亲身体验来感知心理健康的重要性，如通过冥想练习感受内心的平静，通过团队合作体验信任与支持的力量。同时，引导大学生对活动进行反思和总结，促进他们将所学转化为内在的心理资源，形成积极向上的生活态度。

2. 科学性，确保教育内容与方法基于科学研究

（1）理论基础扎实。心理健康教育活动应建立在坚实的心理学理论基础之上，特别是要建立在积极心理学的相关研究成果之上。这包括情绪管理、压力应对、人际关系、自我认知等多个方面，应确保教育内容的科学性和系统性。

（2）方法科学有效。采用经过验证的科学方法和技术，如认知行为疗法、正念减压、情绪调节训练等，帮助大学生掌握有效的心理调适技能。同时，注重教育方法的创新性与实践性，不断探索适合大学生特点的新模式、新路径。

（3）避免盲目与随意。坚决抵制盲目跟风、随意开展心理健康教育活动的

现象。任何教育活动的实施都应经过充分的论证和规划,确保其科学性和有效性,避免对大学生造成心理伤害。

3. 系统性,整合多方资源形成教育合力

(1)学校主导。学校作为大学生心理健康教育的主阵地,应建立健全的心理健康教育体系,包括课程设置、师资培训、咨询服务等方面。同时,加强校园文化的建设,营造积极向上的氛围。

(2)家庭参与。家庭是大学生心理健康的重要支撑。学校应加强与家长的沟通与合作,共同关注大学生的心理健康状况,家庭要提供必要的支持和帮助。通过家长会、家校联系等方式,建立家校共育的良好机制。

(3)社会支持。充分利用社会资源,如心理咨询机构、公益组织、社区服务等,为大学生提供更广泛的心理支持和帮助。同时,加强与社会各界的合作与交流,共同推动大学生心理健康教育事业的发展。

(三)积极心理学视域下大学生心理健康教育活动的流程构建

1. 需求分析与目标设定

构建积极心理学视域下大学生心理健康教育活动的首要步骤是进行深入的需求分析。这一过程需要全面了解大学生的心理需求、困扰,包括对学业压力、人际关系、自我认同等方面的关注。通过调查、访谈和观察等方法,搜集大学生的真实需求和意见,为后续的体系构建提供依据。在需求分析的基础上,明确教育目标是至关重要的。目标应涵盖促进大学生心理素质的提升、心理适应能力的提升、心理问题的预防和解决等多个方面,并根据大学生的实际情况和发展制定具体的、可操作的目标。这些目标将作为整个教育活动体系的指引,确保教育活动的针对性和有效性。

2. 活动内容与形式的设计

在明确目标之后,接下来是设计和策划心理健康教育活动的内容与形式。内容应涵盖心理健康知识、心理调适技巧、情绪管理等多个方面,确保全面性和系统性。同时,应根据大学生的特点和需求,注重内容的实用性和可操作性。活动形式应多样化,结合课堂教学、小组讨论、角色扮演、案例分析等多种形式,以提高大学生的参与度和体验感。此外,可以利用现代信息技术手段,如线上课程、心理测评软件等,丰富教育活动的形式,提升大学生的积极性和主动性。

3. 资源整合与实施策略

为了确保大学生心理健康教育活动的顺利实施，需要整合各方面的资源，包括师资力量、场地设施、时间安排等。同时，应积极争取学校、家庭和社会的支持，形成教育合力，共同推动大学生心理健康教育的有效开展。实施策略方面，要注重实践性和持续性。在实践中不断地总结经验教训，优化和完善教育活动，形成科学合理的教育体系。同时，要关注大学生的个体差异和特殊需求，提供个性化的心理辅导和支持。通过持续的努力和改进，确保大学生心理健康教育活动的长期效果。

4. 评价与反馈机制的建立

为了提升教育活动的质量和效果，需要建立有效的评价与反馈机制。评价应注重过程与结果相结合，既关注活动的过程管理，也要评估大学生的心理健康状况和成长进步。评价方法可采用问卷调查、观察记录、心理测评等多种手段，以确保评价的客观性和准确性。反馈机制的建立是关键环节之一。通过收集和分析大学生的反馈意见，及时了解教育活动的效果和存在的问题，为进一步改进和完善教育活动提供依据。同时，加强与大学生的沟通交流，鼓励他们积极参与评价和反馈过程，促进教育活动的持续改进和发展。

5. 活动的实施步骤与注意事项

积极心理学视域下心理健康教育活动的实施是一个系统性、长期性的过程，它要求各个环节之间紧密配合，形成有效的教育合力。

具体的实施步骤包括以下三个方面：第一，制订详细的活动计划。包括确定活动的目标、内容、形式、时间、地点等要素，以及明确参与人员和各自的责任。计划的制订要充分考虑大学生的实际需求和心理特点，确保活动的针对性和实效性。第二，做好活动的准备工作。包括宣传发动、资源调配、场地布置、人员培训等，这些工作直接影响到活动的进行和最终效果。第三，组织实施活动。在活动过程中，要注重大学生的主体性和参与性，引导大学生积极参与、充分体验、深入反思。同时，要做好活动的记录和资料的收集工作。

在实施过程中，还需要注意以下三个方面的问题：一是要遵循大学生的心理发展规律，不同年级、不同专业的大学生有着不同的心理特点和需求，要因材施教，避免一刀切；二是要注重活动的连续性，心理健康教育是一个长期的过程，不能指望通过一两次活动就解决所有问题，因此，要设计好活动的序列，确保活动的连续性和递进性;三是要加强活动的实效性评估,通过评估,可以了解活动的效果和存在的问题,为后续活动的改进提供依据。

二、活动体验设计

(一)体验设计的路径

1. 场景设定

(1)目标定位。首先,明确活动的目标群体为大学生,了解他们的具体需求。通过用户调研、访谈等方式收集数据,形成详细的用户画像,确保活动设计的针对性和有效性。

(2)环境营造。设计活动场景时,应注重营造轻松、积极、开放的环境。可以利用校园内的多功能厅、户外绿地等场地,通过布置温馨舒适的座椅、摆放绿植、播放轻音乐等方式,让大学生在参与活动时感到放松和愉悦。

(3)主题设定。围绕积极心理学的核心理念,设定活动主题,如"发现自我优势""培养积极情感""实现个人目标"等。通过主题引导,帮助大学生在活动中逐步认识和提升自我。

2. 活动优化

(1)内容设计。活动应丰富多彩,包括心理健康知识讲座、主题讨论、互动游戏、角色扮演等多种形式。通过多样化的活动形式,激发大学生的参与热情,提高活动的吸引力和实效性。

(2)流程安排。合理安排活动流程,确保活动有序进行。可以在活动开始前进行简短的开场介绍和热身活动,然后逐步深入主题,通过小组讨论、案例分析、角色扮演等方式,引导大学生深入思考和积极表达。最后进行总结和反馈,帮助大学生巩固所学内容。

(3)互动环节。增加活动中的互动环节,如小组讨论、角色扮演、心理测试等。通过互动,促进大学生之间的交流和合作,增强他们的归属感和自信心。

3. 情感触发

(1)情感共鸣。通过活动设计,引导大学生产生情感共鸣。可以通过讲述真实案例、分享个人经历、播放感人视频等方式,让大学生在情感上产生共鸣,从而更加深刻地理解活动内容。

(2)情感表达。提供情感表达的机会和平台,鼓励大学生在活动中积极表达自己的感受和想法。可以通过小组讨论、分享会、心理咨询等方式，让大学生在表达中释放压力、缓解情绪。

（3）情感升华。通过活动引导，帮助大学生将情感升华为积极的力量。可以引导他们思考如何将自己的情感转化为实际行动，如制订个人计划、参与志愿服务等，从而实现自我成长和提升。

（二）体验设计的方法

1. 故事板

（1）应用方式。故事板是一种直观、生动的表现方式，可以将活动场景、角色、情节等以图画和文字的形式展现出来。在心理健康教育活动中，可以利用故事板来构建活动场景和情节，帮助大学生更好地理解活动内容。

（2）具体操作。首先，根据活动主题和目标，设计故事情节和角色；其次将故事情节和角色绘制成图画或文字，形成故事板；最后，在活动过程中利用故事板进行引导和讲解，帮助大学生更好地融入活动情境。

2. 沙盘推演

沙盘推演是一种模拟现实环境的模型展示方式，可以用于展示复杂的系统或过程。沙盘推演可以用来模拟人际交往、职场环境等场景，帮助大学生在模拟中学习和体验。

第一步，设计沙盘模型；第二步，邀请大学生参与沙盘推演活动，让他们在活动中扮演不同角色、处理不同情境；第三步，通过讨论和总结，帮助大学生了解并较好应对现实生活中的挑战。

3. 剧场排练

剧场排练是一种通过角色扮演和表演来体验和学习的方式。可以利用剧场排练来模拟真实场景或情感冲突，帮助大学生在表演中释放情绪、理解情感。

首先，设计剧本和角色；其次，邀请大学生参与剧场排练活动，让他们在表演中体验不同角色的情感和经历；最后，通过表演和反馈环节，帮助大学生了解并处理好自己的情感问题。

第八章

积极心理学视域下大学生心理健康教育课程设计与教法实践

第一节 情绪智力辅导课程设计与教法

在当今快节奏、高压力的社会环境中，大学生作为社会未来的中坚力量，其心理健康状况尤为引人关注。情绪智力，作为个人成功与幸福感的关键因素之一，正逐渐受到教育界的广泛关注。积极心理学以关注人类优势、潜能及幸福感为核心，为大学生情绪智力辅导提供了全新的视角与方法论。笔者旨在探讨在积极心理学视域下，如何设计并实施一套高效的大学生心理健康教育情绪智力辅导课程，以期促进大学生全面发展。

一、教学目标

情绪智力是个体成功应对生活挑战、建立良好人际关系、实现自我成长的关键因素，对大学生进行情绪智力的培养与提升已成为大学生心理健康教育不可或缺的一环。积极心理学以其关注人类潜能、强调积极品质与力量的视角，为情绪智力辅导课程提供了坚实的理论基础与实践指导。

情绪智力辅导的总目标在于引导大学生深刻理解情绪的本质，以及其对个人成长的重要性，具体体现在以下三个方面。

（一）情绪认知与辨识：构建情绪知识的坚实基础

情绪认知与辨识是情绪智力培养的第一步。情绪认知与辨识旨在帮助大学生建立起对情绪全面而深刻的理解。通过情绪智力辅导课程，大学生将学会识别并区分基本情绪（如快乐、悲伤、愤怒、恐惧等）与复杂情绪（如嫉妒、尴尬、怀旧等），认识到情绪的多维度和复杂性。此外，课程还将引导大学生掌握情绪辨识的技巧，如观察身体反应、注意思维内容等，从而能够准确辨识自身及他人的情绪状态。

这一目标的实现，不仅有助于大学生更好地理解自己的情绪体验，增强自我意识，还能促进人际交往中的共情能力，使大学生更加敏锐地捕捉到他人的情绪信号，为建立和谐的人际关系打下基础。

（二）情绪接纳与积极观念：培养开放包容的心态

情绪接纳是情绪智力提升的关键环节，情绪接纳要求大学生以开放、非评判性的态度面对所有情绪，包括那些通常被视为"负面"的情绪。情绪智力辅导课程将引导大学生认识到，每种情绪都有其存在的价值和意义，是内心世界真实感受的反映。通过案例分析、角色扮演等教学活动，大学生将学会如何以积极、乐观的心态接纳并理解自己的情绪，逐步构建起积极的情绪观念。

情绪接纳能力的养成，有助于大学生减少情绪压抑和逃避行为，增强情绪韧性。当大学生能够以更加平和的心态面对情绪波动时，就能更好地应对生活中的挑战和困难，保持心理的稳定和平衡。

（三）情绪表达与调节：掌握科学有效的情绪管理策略

情绪表达与调节是情绪智力教育的核心目标之一。情绪智力辅导课程将传授给大学生一系列科学有效的情绪表达与调节策略，如深呼吸、正念冥想、情绪日记、积极应对思维等。通过实践练习和情景模拟，大学生将学会在不同情绪情境下选择合适的方式表达情绪，并有效调节和管理自己的情绪反应。

掌握情绪表达与调节策略，对于提升大学生的情绪管理能力至关重要。这不仅有助于大学生更好地控制自己的情绪冲动，避免情绪失控带来的不良后果，还能增强他们的情绪韧性和适应能力，使他们在面对压力和挑战时能够保持冷静和理智。

二、教学内容设计

情绪智力作为个人成功与幸福的关键因素之一,日益受到教育界的重视。积极心理学以其关注个体优势、潜能与幸福感的独特视角,为大学生心理健康教育提供了新的思路。笔者旨在探讨在积极心理学视域下,如何设计一套针对大学生的情绪智力辅导课程,课程内容围绕"认识情绪""觉察情绪""欢迎'坏情绪'""管理情绪""提升情商"五个核心模块展开。

(一)认识情绪:情绪的多彩世界

1. 教学目标

使大学生理解情绪的基本概念、分类及其对个人行为、决策的影响,认识情绪是人类自然的心理反应,无好坏之分。

2. 教学内容

(1)情绪的定义与分类。介绍情绪的基本定义,区分基本情绪(如喜、怒、哀、惧等)与复杂情绪(如嫉妒、尴尬、怀旧等),以及情绪在生理、心理和社会层面的表现。

(2)情绪的功能。探讨情绪如何作为信号帮助我们适应环境、促进社交互动、激发创造力等。

(3)情绪与认知的关系。解析情绪如何影响我们的思维方式、注意力分配和决策过程。

(二)觉察情绪:自我情绪的镜子

1. 教学目标

培养大学生成为自我情绪的敏锐观察者,提高情绪自我觉察能力。

2. 教学内容

(1)情绪识别练习。通过日记记录、情绪词汇游戏等方式,帮助大学生识别并命名自己及他人的情绪。

(2)身体信号与情绪。引导大学生关注身体反应(如心跳加速、肌肉紧张等)与情绪之间的关联,学会通过身体语言解读情绪。

(3)情绪日记。鼓励大学生定期记录自己的情绪变化、触发因素及应对策略,增强自我反思能力。

（三）欢迎"坏情绪"：接纳与理解

1. 教学目标

帮助大学生建立对负面情绪的正确态度，学会接纳，而非逃避或压抑负面情绪。

2. 教学内容

（1）情绪的正反两面。解释负面情绪同样具有价值，如恐惧促使我们规避危险，悲伤促使我们珍惜现有。

（2）情绪接纳技巧。教授深呼吸、正念冥想等方法，帮助大学生在负面情绪来临时保持冷静，学会与之和平共处。

（3）情绪故事重构。引导大学生从积极角度审视负面情绪，寻找其背后的成长契机和正面意义。

（四）管理情绪：从被动到主动

1. 教学目标

培养大学生有效调节情绪的能力，减少情绪波动对日常生活和学习的不良影响。

2. 教学内容

（1）情绪调节策略。介绍认知重构、问题解决、情绪表达等情绪调节技巧，并进行实战演练。

（2）情绪释放与表达。鼓励大学生通过艺术创作、运动、社交活动等方式健康地释放情绪，同时学习有效的沟通技巧，促进人际和谐。

（3）压力管理。提供时间管理、目标设定、放松训练等策略，帮助大学生应对学业、生活的压力。

（五）提升情商：情感智慧的力量

1. 教学目标

全面提升大学生的情绪智力，促进其社会适应能力和人际关系的和谐发展。

2. 教学内容

（1）情绪同理心。培养大学生的同理心，学会站在他人角度理解情绪，增强人际交往中的理解和支持。

（2）情绪激励。引导大学生利用正面情绪作为内在动力，激发潜能，提升学习效率和创造力。

（3）情绪领导力。通过案例分析、角色扮演等方式，培养大学生在团队中运用情绪智力解决冲突、激励团队的能力。

三、教学方法设计

在快速变化的现代社会，大学生面临前所未有的学业压力、人际关系挑战及未来规划的不确定性，这些因素往往对他们的心理健康产生深远影响。因此，以积极心理学为理论基础，设计一套旨在提升大学生情绪智力的心理健康教育课程显得尤为重要。笔者将从实践性教学模式的角度出发，探讨如何通过案例分析、角色扮演和小组讨论等教学策略，结合大学生的实际生活问题，有效地促进大学生情绪智力的发展。

（一）实践性教学模式在情绪智力辅导中的应用

1. 案例分析：贴近生活的智慧启迪

案例分析是情绪智力教育中不可或缺的一环。教师应精心挑选与大学生日常生活紧密相关的案例，如考试焦虑、宿舍矛盾、职业规划迷茫等，通过详细剖析案例中大学生的情绪表现、影响因素及解决策略，引导大学生从积极心理学的视角审视问题。这种教学方式不仅能够激发大学生的学习兴趣，还能帮助他们认识情绪管理的重要性，学会从正面解读情绪，培养乐观向上的心态。同时，鼓励大学生自主分析案例，提出自己的见解，培养其批判性思维和解决问题的能力。

2. 角色扮演：情景模拟中的情感共鸣

角色扮演是一种高度参与性的教学方法，能够让大学生在模拟的真实场景中亲身体验不同情绪状态下的反应和应对策略。教师可以设计多种情境，如面对失败的演讲比赛、处理复杂的室友关系等，让大学生分别扮演不同角色，通过互动表演感受并理解他人的情绪，学习有效的沟通技巧和情绪调节方法。这种亲身体验的方式能够加深大学生对情绪智力的理解，增强同理心，提高情绪管理能力。

3. 小组讨论：共享经验，促进合作

小组讨论是促进大学生交流与合作的有效手段。教师在课程设计中应定期组织小组讨论活动，围绕特定主题（如时间管理、压力释放等）鼓励大学生分享个人经历、感受和思想。通过小组讨论，大学生可以相互倾听、支持，共同探索解决问题的方法，形成积极的情感联结。此外，小组讨论还能激发大学生的创造性思维，让他们在互动中碰撞出新的火花，为情绪智力的发展提供更多的可能性。

（二）心理健康教育与实际问题的结合

1. 实际问题导向的教学设计

为了增强课程的针对性和实效性，教师应将课程内容与大学生的实际生活和学习紧密结合。具体而言，可以针对大学生普遍面临的学习压力、人际关系问题、自我认知困惑等，设计一系列具体的应对方案和实践活动。例如，组织学习压力管理工作坊，教授时间管理技巧、放松训练等方法；开展人际关系促进活动，通过团队建设游戏、信任背摔等活动增进同学间的理解和信任；设立个人成长小组，引导大学生探索自我、设定目标、规划未来。

2. 实践应用与反馈机制

鼓励大学生将所学的情绪智力知识应用于日常生活中，并设立有效的反馈机制。可以要求大学生记录情绪日记，定期反思自己在不同情境下的情绪反应和应对策略；设立心理咨询角或线上交流平台，为大学生提供及时的指导和支持；组织成果展示会，让大学生分享自己的成长故事和成功经验，增强自信心和成就感。通过这些措施，不仅可以巩固大学生的学习成果，还能促进其情绪智力的持续提升。

四、教学方法指导

（一）认识和觉察情绪是情绪智力辅导的基础

情绪智力辅导是帮助大学生认识、觉察、管理情绪的过程。在这个过程中，认识和觉察情绪的能力是基础，如果大学生无法觉察到自己和他人的情绪，并用相对丰富的情绪词汇去准确表达，情绪管理就是缺少方向的。教师需要通过活动设计，让大学生在课堂上随时进行情绪觉察的练习。

1. 理论导入与情感共鸣

在课程之初，教师应通过生动的案例、视频或小组讨论等形式，引入情绪智力的概念，让大学生初步理解情绪对个人行为、决策乃至人际关系的重要影响。同时，鼓励大学生分享自己关于情绪的体验与困惑，营造开放、包容的课堂氛围，激发大学生的情感共鸣。

2. 情绪词汇的丰富与运用

情绪觉察的精准性依赖于丰富的情绪词汇。教师可设计"情绪词汇接龙""情绪图片描述"等活动，引导大学生学习并练习使用多样化的情绪词汇来描述自己和他人的情绪状态。这不仅有助于提升大学生的情绪识别能力，还能促进他们更加细腻地感知内心世界，为后续的情绪管理打下坚实基础。

3. 情绪日记与反思

鼓励大学生养成记录情绪日记的习惯，即每日记录自己的情绪变化、触发因素及应对方式。通过定期回顾与反思，大学生可以更加清晰地认识到自己情绪变化的规律，学会从旁观者的角度审视自己的情绪，从而增强自我觉察的能力。

（二）要能抓住情绪智力辅导的本质

情绪智力辅导的本质其实是自我激励，就是大学生看到每一种情绪都是有能量的，每一种情绪的背后都有其正向意图，即能接纳自己的情绪，不抱怨、自责，让自己的内心依然充满感激。这是比较难的，但是如果能够帮助大学生做到这一点，大学生就能成为情绪的主人，而不是被情绪操控的人。

1. 情绪的正向解读

在情绪智力辅导中，教师应引导大学生认识到每一种情绪都是生命的礼物，都有其存在的价值和意义。通过开展"讲述情绪背后的故事"之类的活动，让大学生探索情绪背后的深层需求与正向意图，学会从积极的角度解读情绪，如将挫败感视为成长的契机，将焦虑转化为前进的动力。

2. 自我接纳与感激

自我接纳是情绪智力发展的关键。通过情绪接纳练习，如正念冥想、情绪呼吸法等，帮助大学生学会与自己的情绪和平共处，不逃避、不抗拒。同时，培养大学生的感恩心态，让他们意识到即使是负面情绪，也在以某种方式促进自我成长，从而培养出对情绪的感激之情。

3. 情绪转化与自我激励

情绪智力辅导的目标是帮助大学生成为情绪的主人，能够主动将负面情绪转化为积极动力。教师可设计"情绪转化挑战赛"，鼓励大学生面对负面情绪时，尝试使用积极的应对策略，如设定目标、制订计划、寻求支持等，将挑战视为成长的机会，激发内在潜能，实现自我激励。

积极心理学视域下的情绪智力辅导,不仅关注大学生的情绪管理能力,更强调通过自我觉察、正向解读与自我激励,促进大学生的全面发展。教师在教学实践中,应不断地创新教学方法,灵活运用各种活动设计,让大学生在轻松愉悦的氛围中提升自己的情绪智力,成为情绪的主人,以更加积极、健康的心态面对生活与学习的挑战。

第二节 学习心理辅导课程设计与教法

在学习过程中,大学生的学习动机、情绪、策略以及习惯之间是相互作用的,学习心理辅导课程可以基于上述理论知识进行设计,通过课程激发大学生的学习动机,帮助大学生改进学习策略,培养良好的学习习惯,提升学习中的积极情绪体验。

一、教学目标

(一)认知目标:自我认知的精准与深化

1. 帮助大学生分析和认识自己。通过心理测评、小组讨论、自我反思等活动,引导大学生深入了解自己在学习活动中的动机类型(如内在动机、外在动机)、动机强度、情绪体验(如焦虑、兴奋、沮丧等)、学习策略使用(如深度学习、表面学习等)以及学习习惯(如时间管理、复习方法等)的现状。

2. 提升自我认知能力。培养大学生运用批判性思维,客观审视自身学习过程中的优势与不足,为后续的学习改进奠定坚实的认知基础。

(二)情感目标:积极心态的塑造与接纳

1. 引导自我接纳。鼓励大学生正视并接纳自己在学习动机、情绪管理、学习策略以及习惯上的现状,因为无论学习心理问题如何,都是成长的一部分。

2. 培养积极情绪。通过情绪调节技巧的教学(如正念冥想、积极心理暗示等),培养大学生面对学习挑战时的乐观态度。

3. 激发内在动力。引导大学生发现学习的内在价值,将外部压力转化为内在驱动力,形成持续的学习热情与动力。

(三)行为目标:策略应用与习惯改善

1. 提供具体的学习策略。根据大学生的学习特点与需求,为大学生介绍一系列高效的学习策略,如番茄工作法、思维导图、SQ3R(survey, question, rend, recite, review)阅读法等,以提升大学生的学习效率与质量。

2. 制订学习习惯改善的计划。制订个性化的学习习惯改善计划,包括时间管理、目标设定、自我监控与反馈等,逐步引导大学生形成科学、高效的学习习惯。

3. 动机与情绪激发。设计激励性活动,如设定小目标并庆祝达成、团队学习竞赛等,激发大学生的竞争与合作意识,同时利用正向反馈机制,强化大学生的积极行为。

二、教学内容设计

笔者将从学习动机、学业情绪、学习策略、学习习惯以及过渡期适应五个方面,探讨积极心理学视域下的大学生心理健康教育学习辅导课程的内容设计。

(一)学习动机

学习动机是学习的内在驱动力,对大学生的学习效果有直接影响。在积极心理学视角下,学习动机的课程内容应着重于培养大学生的内在动机和积极心态。具体设计包括:

1. 目标设定与愿景构建。引导大学生设定明确、可实现的短期和长期学习目标,并通过积极心理引导,帮助大学生将目标转化为具体的愿景,激发其内在动力。

2. 自我效能感培养。通过成功案例分享、角色扮演等活动,帮助大学生树立自信,相信自己能够达成目标,从而提升自我效能感。

3. 积极反馈机制。建立及时、具体的反馈系统,让大学生在学习过程中不断地获得正向反馈,增强学习动力和成就感。

(二)学业情绪

学业情绪是影响大学生学习状态和效果的重要因素。积极心理学强调积极学业情绪的培养,以缓解学业压力,提升学习效率。具体设计包括:

1. 情绪识别与管理。教授大学生识别并管理自身情绪的方法,如深呼吸、冥想等，帮助他们更好地应对学业压力。

2. 情绪调节策略。通过开展小组讨论、角色扮演等活动，让大学生学习在不同情境下如何调节自己的情绪，避免消极情绪对学习产生负面影响。

3. 积极情绪体验。鼓励大学生参与多样化的课外活动，如兴趣小组、志愿服务等，体验成功和乐趣，从而增强积极情绪体验。

（三）学习策略

学习策略是大学生学习过程中的重要工具。学习策略的设计应注重对大学生自主学习能力和创新思维的培养。具体设计包括：

1. 时间管理。教授大学生有效的时间管理方法，如使用"番茄工作法"、制订合理的学习计划等，提高学习效率。

2. 信息处理。通过思维导图、笔记整理等技巧，帮助大学生更好地处理和记忆学习材料，提升学习效果。

3. 创造性思维培养。通过问题解决、创新竞赛等活动，激发大学生的创造性思维，培养他们独立思考和解决问题的能力。

（四）学习习惯

良好的学习习惯是大学生学习成功的关键。学习习惯的课程内容应注重对大学生自我管理和自律能力的培养。具体设计包括：

1. 自我监控。引导大学生学会自我监控学习进度和效果，及时调整学习策略和方法。

2. 持续学习。鼓励大学生保持持续学习的习惯，通过课外阅读、在线课程等方式不断地拓宽知识面。

3. 自律训练。通过制订学习计划、坚持每日学习打卡等方式，帮助大学生培养自律能力，养成良好的学习习惯。

（五）过渡期适应

大一新生在入学初期往往面临诸多适应问题，如环境适应问题、人际关系适应问题等。积极心理学视角下的过渡期适应课程应着重于帮助大学生快速适应新环境，建立积极的人际关系。具体设计包括：

1. 环境认知。通过校园导览、班级活动等方式，帮助大学生熟悉校园环境和校园文化，减少陌生感。

2. 人际交往能力培养。通过小组讨论、角色扮演等活动引导大学生学习如何与他人建立健康、积极的人际关系，增强社会支持系统。

3. 心理辅导与咨询。提供专业的心理辅导和咨询服务，帮助大学生解决在环境适应过程中遇到的心理问题，提供必要的心理支持。

三、教学方法设计

积极心理学作为一门致力于研究人类积极心理品质与力量的科学，为大学生心理健康教育提供了新的视角和路径。笔者将探讨在积极心理学视域下，如何设计大学生心理健康教育学习辅导课程的教学方法，特别是通过理论教学与实践结合以及互动式教学策略，促进大学生健康成长。

（一）理论与实践结合：构建知识框架与情感体验

1. 深入浅出地讲解基本原理

理论教学是构建大学生心理健康知识体系的基石。教师应以清晰、生动的语言，深入浅出地讲解心理学的基本原理，如情绪管理、压力应对、人际关系处理等，确保大学生能够理解并掌握这些核心概念。同时，强调积极心理学的核心理念，如乐观、希望等，引导大学生培养积极向上的心态。

2. 对典型案例的分析与讨论

结合现实生活中的典型案例进行课堂讨论和案例分析，是增强教学针对性和实效性的有效手段。这些案例可以涵盖学业压力、人际冲突、自我认知偏差等多个方面，通过引导大学生分析案例中的心理现象、探讨解决策略，帮助大学生将理论知识应用于实际问题解决中。此外，鼓励大学生分享个人经历或见闻，促进班级内的情感共鸣与相互支持。

3. 心理类影片辅助教学

心理类影片以其独特的艺术表现形式，能够深刻展现人物的心理变化与成长历程。组织大学生观看《蝴蝶效应》《美丽心灵》等心理类影片，不仅能够吸引大学生的注意力，还能通过影片中的情节和人物心理变化，引发大学生的深度思考和讨论。教师可以设计观影前后的讨论环节，引导大学生分析影片中人物的心理状态，探讨积极心理品质的重要性，从而加深大学生对心理健康知识的理解与感悟。

（二）互动式教学：激发学习动力与参与热情

1. 案例讨论与作业讲评

在理论教学中融入案例讨论环节，鼓励大学生围绕特定案例发表自己的观点和看法。通过小组讨论、全班分享等形式，激发大学生的思维与灵感。同时，定期进行作业讲评，对大学生的作业进行及时反馈与指导，帮助大学生巩固所学知识，提升解决问题的能力。

2. 角色扮演与情景模拟

角色扮演和情景模拟是互动式教学中极具吸引力的活动形式。教师可以设计贴近大学生生活的心理情境，让大学生扮演不同角色，体验不同情境下的心理反应与应对策略。这种教学方式能够让大学生在模拟的真实环境中学习心理健康知识，增强学习的趣味性和实效性。同时，通过角色扮演后的分享与反思，大学生能够更加深入地理解心理健康问题的复杂性和多样性。

3. 小组合作与项目研究

鼓励大学生组成小组，围绕特定的心理健康主题进行项目研究。通过查阅资料、设计问卷、开展调查、撰写报告等，培养大学生的团队协作能力、研究能力和创新能力。小组合作不仅能够促进大学生之间的交流与合作，还能让大学生在实践中深化对心理健康知识的理解与应用。

（三）多媒体教学技术的深度融合

1. 感官刺激与兴趣激发

充分利用现代多媒体如高清投影仪、智能交互白板、在线视频平台等，将电影片段、音乐疗法、心理访谈实录及心理健康相关纪录片等音频、视频材料融入课堂教学中。这些材料不仅能够为大学生提供丰富的视觉与听觉体验，还能通过生动的故事情节、真实的案例分享，激发大学生的情感共鸣，增强学习的趣味性和吸引力。例如，播放关于逆境中成长的故事片，引导大学生思考并学习面对挑战时的积极应对策略。

2. 心理健康测评体系的构建

借助多媒体技术，构建一套科学、便捷的心理健康测评体系。通过在线问卷、心理测试软件等工具，对大学生的心理健康水平进行定期测评，形成个性化的评估报告。这些测评结果不仅能帮助教师及时了解大学生的心理状态，调整教学内容与策略，还能作为大学生自我认知与成长的重要参考。同时，利用大数据分析技术，对心理健康教育课程的实施效果进行评估，为持续优化教学提供数据支持。

（四）开放式、体验式教学方法的实践

1. 团体心理辅导与互动游戏

积极心理学强调大学生的自我探索和正向力量的开发，因此，教学方法应注重大学生的主体性和参与性。在团体心理辅导中，设计一系列互动性强的游戏和活动，如"信任背摔""情绪接力赛"等，让大学生在轻松愉悦的氛围中相互增进了解，学习团队合作与沟通技巧。通过这些活动，大学生可以亲身体验积极情绪的力量，学会在团队中寻求支持与帮助，调整自身心理状态，养成积极向上的心态。

2. 情景模拟与角色扮演

利用情景模拟和角色扮演的方式，让大学生置身于模拟的现实生活中，面对并解决各种心理挑战。例如，设置"压力面试""冲突解决"等场景，让大学生在角色扮演中体验不同的心理状态和情绪反应，学会换位思考、情绪调节和问题解决等技能。这种教学方法能够加深大学生对心理健康知识的理解，同时提升他们的心理韧性和适应能力。

四、教学方法指导

（一）鼓励大学生找到自己的学习风格

1. 认识学习风格的多样性

在学习的广阔天地里，每个大学生都是独一无二的个体，拥有不同的认知偏好、信息处理方式和动机来源，这些内容共同构成了他们的学习风格。有的大学生偏好视觉学习，通过图表、图像理解知识；有的则擅长听觉学习，从讲座、讨论中汲取信息；还有的大学生是动手实践型，通过实验操作或项目实践加深对知识的理解。因此，帮助大学生认识到自己的学习风格，是提升学习效率与效果的第一步。

2. 利用测评工具辅助自我认知

教师可以引入多种学习风格测评工具，如 VARK 模型（视觉 Visual、听觉

Auditory、阅读 Reading/写作 Writing、动觉 Kinesthesia）问卷等，让大学生在轻松的氛围中完成测评，从而更清晰地了解自己的学习偏好。这些测评不仅能帮助大学生自我认知，还能为教师提供个性化教学指导的依据。

3. 个性化学习策略指导

基于测评结果，教师应引导大学生根据自己的学习风格制定个性化的学习策略。例如，对于视觉型学习者，推荐使用思维导图、流程图等工具；对于听觉型学习者，鼓励参加小组讨论或录制学习音频；对于动手实践型学习者，宜设计更多实验、项目或案例分析活动。同时，教师要强调跨风格学习的重要性，鼓励大学生尝试并融合多种学习方式，以拓宽学习视野，增强适应能力。

（二）与大学生的实际学习场景充分结合

1. 融入学科与非学科学习

学习心理辅导不应孤立于学科学习之外，而应成为其强有力的支撑。教师应深入了解大学生的专业背景与课程要求，将时间管理、学习计划制订、学习习惯培养等心理辅导内容与大学生的具体学科学习相结合。同时，也要关注大学生的非学科学习领域，如社团活动、志愿服务、兴趣爱好等，引导他们在这些活动中同样运用有效的学习策略，以实现全面发展。

2. 设计实践性课后作业

理论知识的学习是基础，但真正的成长在于实践。教师应设计一系列具有针对性的课后实践作业，如制订并执行一周的学习计划、记录并分析自己的学习时间分配、参与小组项目并反思学习过程中的得与失等。这些作业旨在让大学生在真实的学习场景中运用所学知识，通过实践加深理解，逐步打破旧有的学习模式，建立更加高效的学习模式。

3. 提供持续的支持与反馈

学习模式的转变是一个渐进的过程，需要时间的积累和外界的支持。教师应成为大学生转变过程中的重要伙伴，为大学生提供持续的指导。通过定期的一对一辅导、小组讨论、学习日志反馈等方式，及时了解大学生的学习进展与困惑，给予具体的建议与帮助。同时，建立正向的激励机制，表彰在学习模式转变中取得显著进步的大学生，以激发全体大学生的积极性与自信心。

第三节 积极心理品质课程设计与教法

积极心理学作为一门专注于研究人类积极心理品质与力量的科学，为大学生心理健康教育提供了新的视角与路径。

一、教学目标

（一）认识积极心理品质的重要性

教学目标应聚焦于引导大学生深刻理解积极心理品质对于个人成长、学业成就及未来职业发展的重要性。通过案例分析、理论讲解等方式，帮助大学生认识积极情绪、乐观态度、坚韧意志等品质在应对挑战、促进自我实现中的关键作用。

（二）提供培养方法与技巧

课程需系统介绍并教授给大学生一系列积极心理品质的培养方法与技巧，包括但不限于情绪管理策略、正念冥想练习、目标设定与实现技巧、积极自我对话等，旨在帮助大学生掌握切实可行的方法与技巧，以在日常生活中主动培养和提升积极心理品质。

（三）实践与应用

通过课堂讨论、角色扮演、小组活动及课后作业等形式，鼓励大学生将所学知识应用于实际情境中，通过实践练习巩固积极心理品质，形成稳定的行为习惯。同时，建立反馈机制，让大学生在实践中不断调整和优化自己的心理策略。

二、教学内容设计

（一）爱与感恩

爱是人类最基本的情感需求之一，也是积极心理品质的核心要素。积极心理品质课程将探讨爱的多种形式（如自爱、友爱、亲情之爱），引导大学生学会表达爱、接受爱，并培养感恩的心态。通过分享故事、角色扮演等活动，大学生能够体验爱的力量，学会珍惜与回馈。

(二)信念与希望

信念是行动的指南,希望是前进的动力。积极心理品质课程引导大学生树立积极向上的信念体系,培养其对未来的乐观态度。通过目标设定、时间管理、应对挫折等技巧的传授,帮助大学生建立坚定的信念和持久的希望,以应对生活中的不确定性和挑战。

(三)真诚与宽容

真诚待人、宽容处世是构建和谐人际关系的重要基石。积极心理品质课程教授大学生如何以真诚的态度面对自己与他人,学会倾听、理解和接纳不同的观点与行为。同时,引导大学生培养宽容的心态,以包容的眼光看待周围的世界与他人,减少冲突与摩擦。

(四)思维与创造力

积极心理学强调灵活的思维方式和创造力的重要性。积极心理品质课程引导大学生训练发散性思维、创新性思维等高级认知技能,鼓励大学生勇于尝试、敢于创新。通过头脑风暴、创意写作、问题解决等活动,激发大学生的创造潜能,培养其独立思考和解决问题的能力。

(五)领导力与团队协作能力

领导力与团队协作能力是现代社会不可或缺的素质。积极心理品质课程结合积极心理学的理论,探讨如何培养领导力、如何有效沟通与合作。通过团队建设游戏、案例分析、角色扮演等活动,大学生能够在实践中学习和掌握领导与协作的技巧,提升其社会适应能力和综合素质。

三、教学方法设计

(一)理论教学结合案例分析

先通过理论教学介绍心理学的基本原理、心理调适的方法以及处理心理问题的技巧。在此基础上,选取大学生心理问题的典型案例,组织课堂讨论。这些案例可以是已进行加密处理的影视资料或在心理咨询中发现的普遍性问题,让大学生在讨论中加深理解。

（二）角色扮演与情景模拟

通过角色扮演和情景模拟的方式，引导大学生体验不同的心理情境，培养他们的应对能力和人际交往能力。例如，在"健康人际关系的建立"课程中，可以设计小组活动，让大学生模拟处理人际关系中的冲突和误解，学习建立积极、健康的人际关系。

（三）心理健康教育主题活动

结合大学生的心理需求和心理健康实际，开展多种形式的心理健康教育主题活动，如心理健康知识宣传、心理健康主题讲座、心理健康咨询服务等。这些活动可以增强大学生的心理素养，提升他们的自信心。

（四）多媒体教学与心理测评

充分利用多媒体教学技术，在课堂上播放心理类影片、音乐、心理访谈等音频、视频材料，引发大学生的兴趣，提高其学习积极性。同时，构建心理健康测评体系，利用现代多媒体设备对大学生的心理健康水平进行测评，以便及时了解大学生的心理状态，调整教学方法。

（五）实践性教学与课程评估

设计实践性教学活动，如个人心理健康方案的制定与实施、心理团体辅导等，能让大学生在实践中运用所学知识，提升自我解决心理问题的能力。同时，进行课程评估和反思，及时了解大学生的学习效果，优化课程设计。

四、教学方法指导

（一）善用测量工具：量化理解，深化认知

1. 引入科学测量工具

在积极心理品质的教学中，首要任务是帮助大学生将这些抽象概念转化为可操作、可量化的具体维度。教师可以通过引入国内外广泛认可的积极心理品质测量工具，如《性格优势与美德：手册与分类》中的 24 项性格优势量表，或针对特定积极心理特质的量表（如乐观量表、感恩量表等），指导大学生进行自我评估。这些工具不仅能帮助大学生客观认识自己在不同积极心理品质上的表现水平，还能激发他们探索自我、提升自我的动力。

2. 理论模型与量化指标相结合

除了直接使用测量工具外,教师还可以结合积极心理学的理论模型,如 PERMA 模型 [积极情绪(positive emotion)、投入(engagement)、关系(relationship)、意义(meaning)、成就(accomplishment)],将积极心理品质细化为具体的行为指标和情感体验。通过理论讲解与量化数据的结合,教会大学生既能理解积极心理品质背后的科学原理,又能通过具体的数据反馈感受到自己的成长与变化,从而增强学习的实效性和针对性。

(二)多使用案例:贴近生活,启发思考

1. 多样化案例展示

积极心理品质虽非直接外显的行为,但其影响力却无处不在。为了让大学生更直观地感受这些品质的魅力,教师应广泛搜集并呈现多样化的案例。这包括教师的亲身经历、古今中外名人的励志故事以及大学生身边的真实案例。通过这些生动具体的例子,大学生可以认识到积极心理品质在不同情境下的具体表现,从而增强对这些品质的认同感和学习意愿。

2. 引导自我发现与反思

更重要的是,教师应鼓励大学生从自身及周围环境中寻找积极心理品质的实例。通过小组讨论、角色扮演、情景模拟等活动,引导大学生观察并分析同学、教师、父母乃至自己身上的积极心理品质,如乐观、坚韧、感恩、善良等。这种自我发现的过程不仅能够加深大学生对积极心理品质的理解,还能促使他们反思自己的言行举止,找到提升自我的方向和目标。

3. 案例分析促进深度学习

在案例分析过程中,教师应引导大学生深入思考每个案例背后的原因、影响及启示,鼓励大学生提出自己的见解和解决方案。这种深度学习的模式不仅能够提升大学生的批判性思维能力,还能帮助他们将所学知识与实际生活相联系,形成更加稳固和持久的积极心理品质。

第四节 生命辅导课程设计与教法

生命辅导是全人的教育辅导,是基于对生命的尊重与理解,在教育实践中开展的探究人与自我、与他人、与环境、与宇宙之间如何互动的课程,使人了解生命的意义、展现生命的意义和永恒价值。基于此构建如下生命辅导课程的目标体系和内容体系。

一、教学目标

(一)宏观视角

1. 直接目标

第一,认识生死。通过生命教育,教育大学生正视生命的起源、发展与终结,理解生命的自然规律,减少对死亡的恐惧与无知。

第二,安抚悲伤。教授大学生有效应对失去(如亲人离世、友情破裂等)的方法,学会自我安抚与情绪调节,掌握健康的哀伤处理方式。

第三,防范自杀。增强大学生对自杀危害性的认识,提高识别自杀风险信号的能力,建立求助机制,预防自杀行为的发生。

第四,珍爱生命。通过正面案例分享、生命活动体验等,激发大学生对生命的热爱与尊重,学会珍惜生命,积极面对生活。

第五,提升挫折应对能力。增强大学生面对挑战与困难时的韧性,通过积极应对策略,促进个人成长。

2. 终极目标

第一,感受生命的喜悦与可贵。引导大学生深入体验生活中的美好瞬间,培养感恩心态,感受生命的馈赠。

第二,体验生命的意义。鼓励大学生探索个人兴趣、价值观及人生目标,通过社会实践、志愿服务等活动,体验生命的深层意义与价值。

第三,丰富个人生命的内涵。帮助大学生形成积极向上的人格特质,如乐观、自信、善良等,丰富个人的生命内涵。

第四,提升生活品质。通过提升自我认知、情绪管理等能力,促进大学生在学业、职业、情感等各方面的全面发展,提升大学生的整体生活品质。

(二) 微观视角

1. 认知目标

第一，生命知识普及。使大学生掌握基本的生命科学知识，理解生命的多样性与复杂性。

第二，心理健康意识强化。增强大学生对心理健康重要性的认识，了解常见的心理问题及应对方法。

第三，生命价值观认知。引导大学生思考并确立个人的生命价值观，明确生活目标与追求。

2. 情意目标

第一，情感表达与调节。培养大学生健康的情感表达方式，学会有效地调节负面情绪，保持情绪稳定。

第二，同理心培养。增强大学生的同理心与同理能力，理解并尊重他人的感受与需求。

第三，积极情感激发。通过积极心理学培训，如感恩练习、乐观思维训练等，激发大学生的积极情感，提升幸福感。

3. 行为目标

第一，健康行为养成。促进大学生养成健康的生活习惯，如规律作息、合理膳食、适度运动等。

第二，积极应对挑战。培养大学生主动面对挑战、解决问题的能力，学会从失败中吸取教训，持续成长。

第三，社会参与和贡献。鼓励大学生参与社会实践、志愿服务等活动，增强社会责任感，实现自我价值。

4. 价值目标

第一，价值观塑造。通过生命辅导课程，帮助大学生形成正确的价值观，如诚信、负责、尊重他人等。

第二，人生意义探索。引导大学生不断地探索人生意义，实现自我价值与社会价值的统一。

第三，持续学习与成长。培养大学生终身学习的意识，鼓励他们在知识、技能、情感等方面持续成长，为构建更加美好的人生奠定基础。

二、教学内容设计

笔者将生命辅导课程内容划分为六大模块，每个模块既独立成章又相互关联，共同构成一套完整的生命教育体系。

（一）生命启蒙：珍爱生命，体悟生之不易

此模块为生命辅导的起点，通过生命科学的基础知识介绍、生命诞生的奇迹展示以及生命脆弱性的案例分析，激发大学生对生命的敬畏之情，引导大学生认识每一个生命的来之不易与宝贵。同时，通过角色扮演、小组讨论等形式，引导大学生体验生命的多样性与独特性，培养同理心与尊重生命的意识。

（二）生命意义的探索：寻找生命的方向与价值

在珍爱生命的基础上，本模块引导大学生深入思考生命的意义所在。通过哲学思辨、文学作品赏析、名人传记分享等活动，帮助大学生认识到生命不仅是生存，更是追求成长、实现自我价值的过程。鼓励大学生设定个人目标，规划人生蓝图，理解并认同"每个人都有自己独特的使命与贡献"。

（三）情绪管理：积极应对生活挑战

情绪管理是生命辅导课程不可或缺的一部分。本模块运用积极心理学的理论与方法，教授大学生识别情绪、表达情绪、调节情绪的技巧，如正念冥想、情绪日记、感恩练习等。通过实践练习，帮助大学生建立积极的情绪应对机制，增强心理韧性，更好地面对学习、生活中的压力与挑战。

（四）生涯规划：从梦想到现实

生涯规划是生命辅导课程中的重要环节，旨在帮助大学生明确职业方向，规划未来发展路径。通过职业兴趣测评、职业活动探索、生涯人物访谈等方式，引导大学生了解自己的兴趣、能力、价值观，并结合市场需求，制定切实可行的生涯规划。同时，强调生涯规划的动态性，鼓励大学生根据实际情况适时调整计划，保持对未来的积极期待。

（五）社交培养：人际关系与社会责任

人是社会性动物，良好的人际关系是幸福生活的重要基石。本模块通过团队建设、沟通技巧培训、社会责任教育等活动，帮助大学生建立和谐的人际关系，

培养同理心、合作精神和社会责任感。鼓励大学生关注他人与社会，学会在给予与奉献中找到生命的意义与价值。

（六）自我实现：追求卓越，成就梦想

作为生命辅导的终极目标，自我实现可鼓励大学生不断挑战自我，追求卓越。通过设立个人成长目标、参与社会实践、展现个人才华等活动，帮助大学生发现自己的潜能与优势，激发内在动力，勇敢追求梦想。同时，引导大学生认识到自我实现是一个持续的过程，需要不断地学习、反思与调整，保持对生命的热爱。

三、教学方法设计

（一）实践性教学模式

实践性教学模式在大学生心理健康教育中具有重要意义。传统的理论教学往往侧重于对知识的传授，而忽视了大学生实际应用能力的培养。因此，心理健康教育课程设计应注重实践性。例如，在"应对压力与情绪管理"课程中，可以组织大学生进行角色扮演，模拟面对不同压力情境时的应对方式。通过角色扮演，大学生可以亲身体验到不同的情绪反应和应对策略，从而加深对心理健康知识的理解和应用。同时，小组讨论的形式可以促进大学生的交流与合作，培养他们的团队合作能力和问题解决能力。

（二）积极情绪体验与心理资源培养

积极情绪体验是提升大学生心理健康水平的重要途径。在大学阶段，大学生面临诸多的挑战和压力，容易产生消极情绪。因此，心理健康教育应重视培养大学生的积极情绪体验，增强他们的成就感和幸福感。

学校可以通过多种方式营造积极的学习氛围，如举办心理健康讲座、组织户外拓展活动、建立心理健康社团等。同时，辅导员和任课教师在教育过程中要善于发现大学生身上的优点，并提供条件和营造环境来激发他们的潜能，及时给予鼓励和肯定。例如，在"职业规划与发展"课程中，教师可以引导大学生探索自己的职业兴趣和潜力，并提供相关资源和支持，帮助大学生建立积极的职业观和发展观。

(三)情境教学与互动参与

情境教学与互动参与是提高大学生心理健康水平的有效手段。情境参与式活动能够让大学生真实地感受各种情境所带来的情感体验,从而更好地理解心理健康教育内容。

在心理健康教育中,可以设计各种情境参与式活动,如心理剧表演、团队合作游戏、案例分析讨论等。这些活动能够激发大学生的兴趣和主动性,提高他们的参与度。例如,在"健康人际关系的建立"课程中,可以组织大学生模拟不同的人际交往场景,通过互动参与来培养大学生的人际交往能力和沟通技巧。

(四)家校共育与社会支持

家校共育与社会支持是大学生心理健康教育的重要组成部分。家庭、学校和社会是大学生成长的三个重要环境,三者之间的有效配合和互动对于促进大学生心理健康发展至关重要。

家庭是大学生心理健康的第一道防线。家长应关注孩子的心理健康状况,与孩子进行良好的沟通,提供情感支持,给予安全感。学校应重视心理健康教育,建立完善的心理健康教育体系,为大学生提供心理辅导和成长指导。同时,社会各界也应关注大学生的心理健康,提供丰富的实践机会和资源,共同促进大学生心理健康发展。

为了加强家校共育与社会支持,学校可以定期举办家长会、心理健康讲座等活动,邀请家长参与大学生心理健康教育。同时,学校还可以与社会机构、企业等建立合作关系,为大学生提供实习、志愿服务等实践机会,帮助他们更好地了解社会、融入社会。

四、教学方法指导

(一)注重大学生体验:构建情感共鸣的学习场域

积极心理学强调个体积极情绪体验的重要性,认为这些体验是增强幸福感、促进心理成长的关键。在大学生心理健康教育与生命辅导中,教师应致力于创造一个安全、包容、鼓励表达的学习环境,让大学生敢于分享自己的感受与经历。通过小组讨论、角色扮演、情景模拟等互动式教学方法,指导大学生亲身体验不同情境下的情感反应,从而加深自我认知,学会情绪调节。此外,引入正念冥想、感恩练习等技巧，帮助大学生培养正念意识，学会在日常生活中捕捉并珍惜积极瞬间，增强对生活的满意度和幸福感。

（二）注重大学生个体差异：实施个性化教学策略

每个大学生的成长背景、性格特质、心理需求各不相同。因此，在心理健康教育与生命辅导中，教师应充分尊重并关注大学生的个体差异，实施个性化教学策略。一方面，通过心理测评工具了解每个大学生的基本心理状况及优势领域，为后续教学提供科学依据。另一方面，设计多样化的教学内容和活动，满足不同大学生的兴趣和需求。例如，对于内向的大学生，可以鼓励他们参与小组讨论中的书面工作；对于外向的大学生，则提供更多口头表达的机会。同时，建立个别咨询机制，为有需要的大学生提供一对一的专业支持，确保每个大学生都能得到恰当的关注和引导。

（三）注重大学生实践：强化知识应用与技能培养

大学生心理健康教育与生命辅导应重视大学生的实践能力培养。通过设计一系列的实践活动，如志愿服务、社会实践、心理剧表演等，让大学生在实践中应用所学知识，提升解决问题的能力。同时，鼓励大学生将积极心理学理念融入日常生活，如设定积极目标、记录感恩日记、培养乐观解释风格等，使这些习惯成为生活的一部分。此外，建立同伴支持系统，鼓励大学生在相互支持中成长，通过分享经验、互相鼓励，共同提升心理健康水平。

第九章

积极心理学视域下大学生心理健康教育课的常见教学模式

第一节 心理剧团体辅导

心理剧是美国心理学家雅各布·莫雷诺（Jacob Levy Moreno）于20世纪30年代创立的一种团体心理治疗形式。心理剧从舞台艺术中获得很多灵感，尤其是通过角色扮演，对生活的意义进行探索和实验。与传统戏剧表现特定人物角色不同，心理剧表现的是演员自己的过去、现在和未来，演员通过再现自己的生命故事，获得情绪疏导、问题理解和行为转变。

一、心理剧团体辅导的理念

心理剧团体辅导带有浓厚的虚拟和实验色彩，这对拥有丰富想象力和创造性的学生来说，具有很大的吸引力，这是心理剧团体辅导独具特色的魅力。

（一）创造性

莫雷诺认为，人们被困在问题中，常常是因为缺乏尝试新可能和探索新机会的勇气。人的健康在于保持创造性和自发性的能力。

在剧场和舞台这个隐喻性的空间里，心理剧团体辅导创造出一种宽松和安全的环境。在这种团体氛围中，学生可以扮演任何角色，采取任何戏剧性的动作。这让学生愿意承担探索未知、改变已有想法和行为的风险，尝试换一种态度看待生活，换一种行为应对挑战。

心理剧中激发创造性的方式有想象、扮演、幽默、即兴创作和艺术活动等。在学校情境中使用心理剧，学生进行剧本创作、角色选定、剧本编排、舞台演出等一系列活动。剧本要符合生活并力求新颖，演员要通过想象进行表演，观众也要用心感受。这一过程需要学生超越固有思维，发挥主动性和创造性。

（二）表现性

很多心理健康教育理论依托语言互动。人们所使用的语言，无论是与现实还是与内心，都存在一定的距离。心理剧最为突出的特点，就是对行动和表演的重视。心理剧引导者经常告诉团体成员的一句话是：不用说，演出来。

心理剧采用一种整体观。当学生将事件、情绪和想法都整合为表演时，就会产生非常具体深刻的体验。这种对事件的再现、对想法和感受的表现，能够带给学生全新的体悟和洞察。

心理剧提倡的表现性，非常符合近年来的具身心理理论。身体是学生学习的重要工具，身体行动是思维的重要组成部分。通过身体和行动，我们可以获得自己和他人的想法与感受，也可以改变自己和他人的想法与感受。

（三）实验性

心理剧团体辅导像一个实验，不仅能为学生提供体验事件的机会，而且提供检验事件对个人生活产生不同影响的机会，提供尝试不同方法应对事件的机会。在"如果……可能会……"的假设中，学生可以探索生活和角色的各种可能性，甚至是不为现实生活所接纳的行为。学生通过表演了解自己和他人的内心冲突，能够更好地理解他人的立场和观点。这种表演不但能够深化领悟，而且能够推动行为转变。

比如在以"亲子沟通"为主题的心理剧团体辅导中，老师指导几名学生表演亲子冲突的情景。当剧情发展到高潮时，请演员定格。然后请观看的学生参与进来，分析当前的问题，分组创作不同的剧本，表演不同的问题解决方案，共同讨论这些表演的有效性和可行性等。

二、心理剧团体辅导的阶段

心理剧的创造性、表现性和实验性在学校心理健康教育领域广受欢迎。运用心理剧团体辅导时，需要遵循以下原则：

1. 无论何时，都要充分利用身体力行的表演，而不是对情况的描述；
2. 尽可能地提供可信的遭遇，便于成员直接交流，无需通过指导者；
3. 尽可能地让成员参与表演，以此提高他们的积极性；
4. 通过在特定场景中的表演，将抽象的情景变得具体；
5. 鼓励参与者用"我"作为每句话的开头，从而获得自我肯定；
6. 不断地鼓励成员应对过去或将来的情境，就好像它们都是在当下发生的；
7. 认清并发觉成员当下重做决定、重新审查以及正确体验的潜力；
8. 关注成员交流时出现的新问题；
9. 不断地提高自我表露和信任的程度；
10. 如果合适，可增添心理剧的趣味性、幽默感和自发性；
11. 运用象征和比喻，并且使它们拟人化，变得更加生动；
12. 利用各种艺术形式，如动作、舞台、灯光、道具、诗歌、美术和音乐等；
13. 夸张的表演有助于探究更多的反应；
14. 将暖身阶段作为激励创造性和自发性行为的前奏；
15. 利用团体的治疗性因素；
16. 将其他的治疗方法和创造性艺术，整合到心理剧治疗中。

根据这些原则，心理剧团体辅导可以分为暖身、表演和分享三个阶段。

（一）暖身阶段

在暖身阶段，老师的主要任务是营造安全的团体氛围，建立成员间的信任关系，确定表演主题和角色。

在学校情境中，学生接受的往往是规范的言行教育。他们面对舞台时，常常会有很多担心，比如"我不会表演""我演不好会很丢人""我不好意思在别人面前表演"等。为此，老师可以采用容错性较高的游戏和艺术活动，帮助学生消除顾虑，营造安全的团体氛围。

暖身活动中的游戏往往具有结构性与合作性。无论学生在活动中表现如何，老师都要对他们勇于参与的精神给予鼓励，肯定和放大团体成员之间坦诚合作的关系。

当团体形成良好合作后，老师可以对心理剧的目的和形式做一个简单介绍，然后提出活动主题，请小组讨论在这个主题中经历的问题。在小组讨论过程中，老师引导成员达成共识，并推举出表演的主角。

（二）表演阶段

在表演阶段，关键点在于行动表现和关注当下。老师的主要任务是支持和指导主角开展表演，保证表演聚焦于特定主题和路径，激发更多学生参与到心理剧中。心理剧的表演可以分为两种：一是情景表演，二是角色扮演。

1. 情景表演

在情景表演中，老师指导学生选择一个与活动主题相符合的生活事件，布置事件发生的场景，更多地使用动作将当下的想法和感受表现出来。主角先向大家介绍自己要表演的主题、问题和剧情，然后选择配角一起表演。

在情景表演过程中，老师可以采用重复技术，请主角将反映强烈感受的动作不断地重复，增强主角的觉察和体悟；采用独白技术，邀请主角说出行为背后的感受，表达内心的冲突和矛盾；采用角色转换技术，帮助主角理解他人的立场和观点；采用未来投射技术，推动主角表达对未来的期望。

2. 角色扮演

在角色扮演中，老师邀请观众参与到心理剧的表演中。这种参与可以是针对主角的不同状态，可以是事件不同的发展可能，可以是未曾满足的愿望等。老师可以采用替身技术，邀请观众扮演主角的一个内在自我，演出主角没有表达出的想法和感受；可以采用镜像技术，邀请配角模仿主角的姿态、表情和言语，帮助主角更加客观地认识自我。

当主角和配角表演结束后，老师可以请主角对自己和配角的表演进行总结和反馈。

（三）分享阶段

在分享阶段，老师的主要任务是组织学生开展讨论，强化特定的感受和想法，给予每个学生表达分享的机会，提供积极的回应和反馈。

表演结束后，参与表演的人大多会对自己的表现感到担心和焦虑，他们特别希望得到他人的支持与肯定，获得大家情感的共鸣，害怕随意的评价和判断。所以老师组织讨论时，要将重点放在每个人的感受分享上，尽量避免对主角和配角的表演进行分析和提议。常用的语句和问题包括：

1. 刚才的表演中什么地方最吸引你？
2. 你现在有什么想法和感受？
3. 你从刚才的表演中体验到了什么？
4. 这次活动对你产生了什么样的影响？

临近结束时，老师可以对此次活动进行总结，鼓励学生将心理剧中的收获拓展到日常生活中。老师可以采用仪式性活动结束团体辅导，比如邀请学生创作诗歌总结收获，向同伴送出祝福话语，一起演唱励志成长的歌曲等。

在学校情境中，心理剧中的角色扮演技术可普遍使用于问题解决、情绪宣导和认知调整等方面，具有较强的适用性。通过心理剧的推动，戏剧表演教育开始在学校中兴起。很多学校开设了教育戏剧课程，运用美学元素帮助学生探索自我、认识自我和超越自我。

第二节 理性情绪行为团体辅导

理性情绪行为疗法（rational emotive behavior therapy）由美国心理学家阿尔伯特·艾利斯（Albert Ellis）创立，强调认知、情绪和行为的相互影响。艾利斯特别推崇古罗马哲学家爱比克泰德（Epictetus）的一句话："人不是被某个事件困扰，而是被自己对这件事情的看法困扰。"艾利斯认为，我们的情绪来自我们的信念、评价和解释，从而呈现出对生活事件的行为反应。每个人都要对自己的认知、情绪和行为承担责任。

理性情绪行为团体辅导强调主动教导和认知说服，具有较强的整合性与教育性，适合学校情境中的各个学段的学生。

一、理性情绪行为团体辅导的理念

认知和信念是理性情绪行为疗法的核心。艾利斯认为，过度、极端的思考会蒙蔽生活中的感觉与行为，错误的思考会使生活瘫痪无效。只有建立合理的信念，个体才能减轻情绪反应，获得更为真实的生活。

（一）ABC 理论

艾利斯强调情绪、行为和认知的相互作用。人们常常认为，是事件 A（activating event）导致我们产生情绪和行为 C（consequence）；实际上，是我们的信念和认知 B（belief）导致我们产生情绪和行为 C（consequence）。

根据 ABC 理论，学生在考试前产生焦虑情绪，并不是考试让学生焦虑，而是学生对考试和成绩的不合理信念让他们感到焦虑。比如学生会认为，如果考不好自己就是一个失败者，必须考好才能获得老师和家长的认可，等等。

学生在校园生活中，经常会遇到各种挫折和压力，他们常常将自己的情绪和行为反应归因于外界因素。ABC 理论能够帮助学生反省自己的想法，逐步建立理性思维，形成更具适应性的情绪和行为反应。

（二）不合理信念

艾利斯认为，不合理信念是造成心理困扰的主要原因。艾利斯总结出 11 种常见的不合理信念：

1. 一个人应该被周围每一个人喜欢和称赞；
2. 一个人必须能力十足，在各方面都有成就，这样才有价值；
3. 有些人是邪恶和罪恶的，应该受到责骂与惩罚；
4. 事情不如意是可怕的灾难；
5. 不幸福和不快乐是外界造成的，个人无法控制；
6. 我们必须关心危险的事情，而且必须时刻忧虑其危险性和可怕性；
7. 逃避困难与责任，比面对困难与责任容易；
8. 一个人应该依靠别人，而且需要一个比自己强的人做依靠；
9. 过去的经验与事件决定和影响目前的行为，而且影响不会消失；
10. 一个人应该为别人的难题与困扰而感到紧张和烦恼；
11. 每个问题都仅有一个正确、完善的解答，我们必须找到它，不然将是莫大的灾祸。

中国文化注重道德教化，老师和家长对学生有很多"应该"和"必须"的要求。如果学生无法理解这些要求，不能根据自己和环境的实际情况进行调整，就会出现很多不合理信念。辨别和改变这些不合理信念，是学校心理健康教育的重要主题。

（三）全然接纳

我们从小生活在他人的评判系统中。当他人评判与自我判断出现不一致时，我们常常会放弃自己的观点，认同他人的判断，一味地向他人证明自己的能力与价值，这是很多情绪困扰的主要来源。

准确地进行自我评价，接纳自我与他人，是理性情绪行为疗法的主要目标。这种接纳表现为承认自己无法改变很多事情，承认自己和他人都不完美，停止抱怨自己和谴责他人，容忍事态发展的不确定性，努力改变自己的信念和行为。

学生常会将家长和老师的评价作为自我真实的情况，导致缺乏准确的自我判断能力，自我评价或者高估或者低估。通过对接纳自我和接纳他人的学习，学生能够意识到焦虑、愤怒、内疚和冷漠等很多情绪困扰，是由他人的评价与我们不合理的信念引发的。我们可以通过学习，理性地审视自我和他人，为自己的情绪负责，减少情绪困扰。

二、理性情绪行为团体辅导的阶段

理性情绪行为团体辅导具有主动、直接的特点，能够帮助学生在最短的时间内理解问题所在，缓解情绪困扰。在学校情境中使用，可以设计为三个阶段。

（一）团体接纳与理论介绍

处在团体中的人，会考虑自己在他人眼中的形象，在意他人如何评价自己，担心同伴不会认同真实的自我。在团体动力形成初期，老师要为学生营造无条件接纳的团体氛围。

老师可以请学生想象自己身处困境时的感受，然后试着用遗憾和失望替代沮丧和无能感。老师可以采用击溃羞辱感的练习，让学生接纳自己的不完美。击溃羞辱感的练习有：穿着奇装异服，向陌生人提出无理的要求，当众表演自己不擅长的才艺，和动物说话等。

同时，老师简要介绍 ABC 理论，说明事件、想法和情绪反应之间的关系，解释各种不合理信念，帮助学生区分事实与想法。老师可以采用想法日记，请学生留心自己产生情绪时内心的真实想法，并将这些想法记录下来，然后运用 ABC 理论分析自己的实际问题。

（二）驳斥不合理信念

团体成员理解各种不合理信念的含义后，就进入挑战和驳斥不合理信念的阶段。识别不合理信念容易，放弃不合理信念很难。即使看到不合理信念对自己造成的种种负面影响，想要放弃这些不合理信念，还是需要学生付出很多努力。

老师可以采用检查证据的方法，请学生写出支持不合理信念和反对不合理信念的证据；可以采用角色扮演的技术，请学生分别扮演不合理信念与合理信念两个角色，然后进行辩论。

团体辅导结束后，老师可以给学生布置作业，鼓励学生阅读心理自助图书，观看一些克服压力、愤怒和焦虑等心理主题的影视剧。

（三）发展合理信念

已经形成的不合理信念具有强大力量，无法直接消除，最好的办法是用合理信念替代不合理信念。在发展合理信念阶段，老师要帮助学生监控其消极对话，用合理信念语句替代它们。

在团体辅导中，老师可以采用句式转换的技术，将不合理信念的自我陈述转换为成长型思维的表述；可以运用逻辑分析法，检验学生不合理信念中不符合逻辑的部分，比如以偏概全、过度推论、忽视基础概率等；也可以鼓励学生在表格里写出自己经历的事件、感受和自动生成的想法，然后请小组成员依次写出对事件的其他理性解释。

理性情绪行为疗法是当前主流的心理疗法，近年来在理论和技术方面都有长足发展，并且获得了脑神经科学的实证支持。通过示范、教学和训练，理性情绪行为团体辅导能够帮助学生实现期望的行为转变，在学校有着广阔的运用前景。

第三节　焦点解决团体辅导

焦点解决短期治疗是由美国学者史蒂夫·德·沙泽尔（Steve de Shazer）、茵素·金·伯格（Insoo Kim Berg）和其同事于20世纪80年代发展出的心理治疗方法。这种疗法以来访者的资源为基础，将注意力放在来访者的问题解决上，协助来访者达到他所期望的结果。

作为一种后现代短期心理疗法，焦点解决短期心理治疗强调治疗师尽量用最少次数和最短时间帮助来访者有效地解决问题，并能将这种问题解决能力迁移到日常生活中。焦点解决短期治疗的这种特点较为适合学习繁忙、时间紧张的学生。

一、焦点解决团体辅导的理念

传统心理辅导较为关注问题，一般包括描述问题和搜集数据、评估问题、计划干预、干预、评估和追踪等内容。焦点解决团体辅导不否认问题的存在，但认为问题是问题、学生是学生，"问题"并不代表学生本质上有问题。从根本上讲，焦点解决是一种面向希望、目标导向和强调改变的辅导理念。

（一）关注优势

很多心理辅导理论关注问题，会请学生描述问题状况，据此了解问题发生的历史和各种表现。辅导对话常围绕问题展开，但是这种对问题的分析和探寻，会给学生贴上负面标签，造成学生的无助和无力。这种辅导过程始终笼罩着消极和低落的氛围。

焦点解决团体辅导强调积极因素，关注学生的力量和资源，不会过于关注学生的缺陷和弱点。在辅导中，焦点解决取向的老师相信，学生具有摆脱困境和解决问题的能力。老师会鼓励学生寻找自身的资源，尤其是重新发现以前没有觉察到的资源。这种辅导能够增强学生的自信，营造出充满乐观和希望的辅导氛围。

（二）聚焦解决

焦点解决是一种目标导向的辅导理念，其目标可能是解决问题，也可能是实现预期，最终都指向学生的发展和进步。焦点解决团体辅导主张"学生出现问题主要是因为他们使用的问题解决方法不恰当"。与其纠缠学生过去的问题产生和表现，不如将辅导重点聚焦在当下的办法和未来的改变上。

语言在我们感知和界定世界的过程中，扮演着重要角色。焦点解决取向的老师认为，学生的生活经验中除了问题和挫败，还有办法和成功。老师的任务不是发现学生的问题，而是与学生的内在世界建立联结，帮助学生以积极的方式重构个人故事和生活经验，从正向视角寻找解决办法。

（三）积极行动

焦点解决取向的老师会和学生一起讨论过去，对过去无效的办法，老师会提醒学生少做或不做。一旦找到过去经验中蕴含的资源和成功解决问题的办法，老师就会鼓励学生将其运用到当下的问题情境中。如果发现大家都困在了问题的陷阱里，老师就会鼓励学生做一些不一样的事情，避免停滞不前。

想要在短期内达成目标，就必须快速行动。焦点解决取向的老师会鼓励学生从力所能及和简单易行的部分做出一点小改变。在一个开放系统中，不断产生的小改变像从高处滚落的小雪球，会形成越来越大的雪球，最终产生巨大的改变。

二、焦点解决团体辅导的阶段

焦点解决团体辅导聚焦于团体成员的已有资源，在辅导过程中强调对学生赋能。在团体辅导中，表现为如下假设：

1. 尽管生活充满挑战，但所有人都具有力量，这些力量能汇集起来，改善人们的生活质量，咨询师应该尊重这些力量，尊重来访者选择朝哪个方向运用这些力量；

2. 当来访者解释这些力量的时候，咨询师通过对力量的持续强调，可以增强来访者的动力；

3. 对力量的发掘要求来访者和咨询师之间，要有一个合作探索的过程，专业咨询师不会为来访者作决定，为改善他们的生活，来访者必须做些什么；

4. 对力量的强调，让咨询师避免冲动地去做判断、就问题指责来访者，转而去发觉来访者在最艰难的环境下，是怎样成功地渡过难关的；

5. 所有的境况，即使是最黯淡的境况，都包含可利用的资源。

根据赋能的原则，焦点解决团体辅导发展出一套办法构筑法，内容包括：描述问题，制定良好的目标，探索例外，访谈结束时进行反馈，评估来访者的进步。根据办法构筑法，焦点解决团体辅导可以分为以下三个阶段。

（一）建立关系与制定目标

动机是改变的重要前提，只有学生有改变的意愿，辅导才能起到帮助作用。建立良好的关系和设定恰当的目标，是激发学生主动改变的重要因素。

很多学生进入课堂时，会做好被教导的准备，容易形成防御性的互动模式。

为营造安全而开放的辅导氛围,在焦点解决团体辅导开始时,老师会有意采用"远离问题"的活动,主题为学生的兴趣爱好和生活乐趣等。学生在这些活动中,能大胆地表露真实的自己。老师也在观察学生的过程中,寻找学生的资源、能力和优势。

作为一种短期心理辅导模式,焦点解决团体辅导强调目标导向。当团体成员之间建立起良好关系后,老师会带领大家明确活动目标。比如在"预防欺凌"的团体活动中,首先老师请大家思考:参加这个活动后,自己会有何改变和收获;其次在小组内分享和交流自己的想法;最后将各小组的目标贴在海报上,老师进行整理归类。

良好的目标具有如下特征:正向叙述、自主行为、近期改变和具体言行。在小组讨论目标的过程中,老师可以根据以上特征,引导学生制定恰当目标。

(二)寻找资源与启动改变

目标确定后,团体辅导就进入寻找资源与启动改变的办法构筑阶段。焦点解决团体辅导中最常使用的寻找资源技术就是"寻找例外"。所谓"例外",是指来访者拥有却忽视的经验,包括过去成功的经验、部分成功的经验、问题正向意义的洞察等。老师可以使用以下语言,启发学生寻找例外。

1. 这个问题什么时候得以避免(部分得到解决)?
2. 在什么情况下,问题会缓解(没有恶化、变得轻微、次数少一些)?
3. 在没有问题的时候,生活是什么样子的?
4. 出现什么情况时,问题会发生改变?
5. 有没有在其他领域遇到过类似问题?你是如何应对的?
6. 如果问题得到解决,生活将发生什么样的变化?

这些成功的生活经验,蕴含着大量的资源。一旦发现学生找到这些资源,老师就要给予真诚的鼓励,并且建议学生在自己可以掌控的范围内,尝试简单易行的行动探索。

学生可能理解了改变的重要性,具有了改变意愿,甚至制订了改变计划。然而实际中的改变难免会遇到各种阻碍,只有切实行动和克服阻碍,才能实现改变。首先,老师可以先请学生描述过去的成功经验;其次,用"你是如何做到的"总结出有效办法;最后,采用角色扮演或技术演练的方式,探索过去的有效方法如何克服各种可能的困难,并将其运用到当前的问题情境中。

（三）强化进步与迁移生活

为了能让一个行为持续出现，需要给予这个行为即时反馈。当学生通过演练，探索各种改变路径后，老师就可以组织团体，进行 EARS 的交流和分享。E（elicit）是引出例外和改变，A（amplify）是描述和放大这些例外和改变，R（reinforce）是反复探索和强化这些例外和改变，S（start again）是重新开始。

比如在"预防欺凌"的活动中，当学生演练了预防欺凌的技术后，老师就可以请大家谈谈：在刚才的演练中，最有效的行为是什么？当这么做的时候，有什么想法和感觉？对方有什么反应？如何在现实中使用？

当团体活动结束时，老师可以给学生布置课后作业。课后作业可以是回想自己的进步，可以是尝试新的改变，可以是观察"例外"如何发生，可以是提升自我觉察。这些课后作业可以帮助学生将课堂中学习到的技能迁移到日常的生活中，帮助学生形成解决问题的能力。

第四节　非指导团体辅导

非指导团体辅导是一种人本主义取向的团体辅导模式，由卡尔·罗杰斯（Carl Rogers）提出。人本主义是心理学流派中继精神分析和行为主义之后的"第三势力"，该流派认为人类具有自我实现的趋向，个体在适合的环境中能主动成长。非指导并非不指导，相较于众多心理辅导过于重视诊断、解析、建议和教导，非指导辅导更为强调润物细无声的辅导艺术。

一、非指导团体辅导的理念

就像"非指导"这个词语的含义一样，人本主义认为只要提供促进成长的环境和条件，无需过多演示、引导和指示，学生就能形成积极正向的自我发展能力，获得建设性成长，过上创造性的生活。在非指导团体辅导中，为了让学生能够自发探究和自主建构，达成促进成长的目标，老师需要具备以下三种品质。

（一）真诚

真诚在人本主义的辅导理念中处于首要地位，描述的是一个人在行为、感受和思想等各个方面，达到和谐一致的状态。当老师有勇气面对自己内在的真实世界，并且敢于展示真实的自我时，就能帮助学生更好地实现自我整合。

在非指导团体辅导中，老师可以放下"老师必须如何"的面具，自然地表达自己真实的情感和想法——无论是积极的还是消极的内容，努力成为一个坦诚的、可靠的、表里如一的人，向学生展现出一个"为了迈向真实人性而努力的典范"。

在心理健康活动课上，这种真诚会表现为老师情绪感受的自我表露。老师真诚的情感表达向学生传递了一种信息：每个人都可以开放自己的经验，每个人都可以通过自我开放获得成长。

（二）无条件积极关注

在教育情境中，教育者会对学生的言行和想法，带有个人预设。如果学生达成标准，教育者就会感到满意，会给予积极鼓励。反之，教育者就会感到失望，会表现出消极态度。这都属于有条件的关注。

人本主义理论认为，一个人的存在本来就有价值，不能单凭行为表现和外在标准进行衡量和评判。在无条件积极关注的状态下，无论学生表现如何，我们都应给予他们关怀、接纳和肯定。

在学校课堂教学中，老师总是想要得到自己预设的答案，学生会努力猜测老师的预设，然后给出老师满意的答案。在心理活动课中，老师全然关注学生的想法和感受，不带预设和评价地开展活动。当学生表现出不满、委屈、羞愧、愤怒等负面感受，表达出与社会期许不一致的真实想法时，老师都会认真倾听，重视学生的这些想法和感受。这种无条件的积极关注，有助于学生悦纳自我，增强他们应对问题的信心和能力。

（三）共情

共情是老师与学生不断互动、持续了解学生的经验、和学生一起探索内在世界的历程。在罗杰斯看来，共情"意味着进入另一个人的私人知觉世界，并且能完全自如地处于其中，包括时刻对另一个人内心流动的感受的不断变化的意义保持敏感，如恐惧、勃然大怒、温柔、困惑，或任何他正在体验的某种情绪"。

很多心理学理论较为强调问题的诊断和解释，这些描述往往采用已有的病理取向的语言系统，过于关注于此会出现选择性注意的问题，忽略学生自认为比较重要的体验和经验。在非指导团体辅导中，老师会努力站在学生的立场和角度，尝试理解和接纳学生的感受和想法，并且透过这些感受和想法，揭示学生内在的需求和动机，以此整合学生的行为、情绪、认知和动机。

二、非指导团体辅导的阶段

罗杰斯在非指导团体辅导的理论和实践方面，做了很多开创性工作。无论是 5~7 人的工作坊、50~200 人的中型团体，还是 600~800 人的大型团体，罗杰斯都秉承人本主义的理念，即完全开放，既没有领导，也没有阶层。我们从中可以总结出以下非指导团体辅导的运作原则：

第一，让成员从角色扮演，转向更直接地表达自己；

第二，让成员从对经验的依赖，转向对外部事实的开放；

第三，让成员不再从外部世界寻找答案，进而形成以内部世界指导生活的意愿；

第四，让成员从对人际关系的封闭、恐惧和缺少信任，转向更加开放地与他人进行交往。

根据人本主义理念和以上原则，非指导团体辅导可以分为以下四个阶段。

（一）营造团体氛围

人们进入陌生的场景，会表现出符合大众规范的、能够被他人接受的自我形象。为了帮助学生探索真实的自我，老师在团体辅导的初始阶段，要鼓励学生讲述自己的故事，表达真实的感受。

非指导团体辅导主要通过老师的无条件积极关注，促进学生之间形成信任关系，从而营造真诚与合作的团体氛围。老师会仔细倾听学生的讲述，尊重学生自我表露的节奏和进度，接纳学生各种消极的想法和感受。

团体初始是奠定团体动力的重要阶段，和其他团体辅导模式相比，非指导团体模式强调老师对团体成员的信任，不主动提供信息和指示，保持团体的安全和开放，鼓励成员自己探索团体规则、活动形式和学习目标。

（二）设定真实问题

罗杰斯区分了两种学习类型：一种是无意义的学习，"这样的学习只涉及脑，它发生在脖子以上，没有任何情感卷入，也没有任何个人意义，它与整体的人没有任何关系"；还有一种是有意义的学习，学生有认知和情感卷入，能够自我主动投入。

有意义的学习往往来源于对问题的认识和解决过程。非指导团体辅导主张以与学生自我和生活相关的真实问题作为辅导议题。真实问题能够激发学生的好奇心和学习动力，引发学生真实的想法和感受。

当学生想要了解和解决问题时，他们就变成了信息搜寻者，老师的责任就是富有想象力地提供学习资源，在学生和可用信息之间起到穿针引线的作用。这些资源包括思维导图、知识地图、问题索引等学习大纲，文章书籍、影音信息、网络资源等学习材料，博物馆、社区、大学、研究机构等社会文化资源，还包括相关领域的工作者、专业人员和研究人员等人力资源。

（三）体验式学习

很多团体辅导有明确的活动目标，而非指导团体辅导不会刻意地预设活动目标，而是更加看重学生学习的过程和经历，鼓励学生创造性地利用各种学习资源，参与各种学习活动，丰富自己的学习体验。

不同的学习方式，会产生不同的学习体验。有些团体采用以老师为中心的辅导模式，非指导团体主要采用以学生为中心的辅导模式。以老师为中心到以学生为中心可以看作一个辅导连续体，方式包括授课、提问、练习与实践、展示、讨论、小组合作、有指导地发现、制定合约、角色扮演、探究、自我评估等。

制定合约是学生制定的活动目标和活动计划，是非指导团体辅导中较有特色的辅导方式。首先，老师向成员解释合约的功能及其如何发挥作用；其次，由成员制定学习合约，并努力遵守合约要求；最后，老师和学生一起评估合约的进展。在非指导团体辅导中，制定合约能让学生在自由和责任之间取得良好的平衡，成为自主的学习者。

（四）自我评价

罗杰斯认为评价的核心在于学习者自身，"学习者很清楚学习内容是否能满足自己的需求，能否将他引向他自己想要了解的领域，是否恰好填补了自己的空白"。

在非指导团体辅导中，老师会请学生采用作品或汇报的形式，对学习结果进行自我评价，内容包括：采用何种标准进行评价，哪些目标已经实现，这些目标在多大程度上得以实现，等等。如果团体使用过学习合约，那么合约的完成度也可用于评价。

在心理健康教育课中使用非指导团体辅导，要根据学生的具体情况，强化辅导的结构性和目标性。老师也会提醒学生觉察自我言行的恰当性，提供一些真实的反馈，帮助学生更为深入地探索和整合自我。

第十章

积极心理学视域下大学生心理健康教育课堂教学模式创新

第一节 大学生心理健康教育线上线下混合教学模式

大学生心理健康教育长期以来都被认为是构成学校教育体系结构的关键环节，是不容忽视的重要任务。随着信息化时代的到来，学校的心理教育工作者应借助先进的现代信息技术和手段来培养大学生的健康心理，通过线上与线下教育的结合来确保大学生的身心健康发展，为大学生的个性发展和全面发展奠定基础。

一、大学生心理健康教育的现状

就目前来讲，大学生心理健康教育课程的设计应围绕学生的学习、生活为中心，让学生掌握解决问题的方法和技巧。作为教育者，应摒弃传统的教学模式和教学理念，引导学生自发地参与课程教学活动，实现知识的迁移和内化。目前大学生心理健康教育的现状如下。

（一）授课班额过大，学生的获益效果不一

心理健康教育课程目前已经被纳入学校公共基础类课程的范畴和体系中，

为全校学生提供心理健康教育服务。但现阶段的高校心理健康教育工作的开展却存在各种各样的问题，如授课班额过大，师资力量的短缺等。这些问题会增加大学生心理健康教育工作开展的难度，从而对最终的教学和教育效果造成负面的影响。

（二）以普适性教育为主，缺乏个性化的指导

受到授课班额较大的直接影响，要想达成既定的教学目标，高校必须采取普适性教育的方式来落实心理健康教育课程的教学工作。这样一来，老师就很难为每一个学生提供针对性的心理教育指导。

（三）被动接受新知，知识内化困难

以往的教学模式过于强调对大学生的知识灌输，非常注重老师对学生理论知识的传授，导致师生之间的互动空间被进一步压缩。如此一来，许多老师就会将学生的学习体验抛之脑后，忽略了学生的真实感受和切身体验，这会造成学生知识内化困难，对心理健康教育的效果会造成负面的影响。

二、线上教学模式的探索

在现代信息技术快速发展和广泛应用的今天，传统的教学模式已经无法适应学生的发展需要。作为教育者，应在课堂教学模式的基础上探索多元化的教学方式和方法，确保最终呈现出来的教学效果满足预期。

（一）线上教学的优势

1.利用已经开发的优质网络平台资源，学生自主进行线上学习

如今，信息技术在教育教学领域得到广泛的推广和普及，一些高校基于自身的教学资源开发出适合当代大学生心理健康发展的线上优质课程，邀请高校名师在线授课，在一定程度上丰富了心理健康教育的课程内容和授课形式，让老师的讲解变得更加深入透彻，得到许多学生的肯定。实践证明，线上优质课程的开发与应用能够帮助大学生充分利用课程资源来完成学习任务，从而获得良好的教育效果。

2.老师发挥主导作用，引导学生自主学习

线上教学模式的开发与应用要求老师利用先进的信息技术和多媒体工具来监督学生的学习情况，及时发现学生在学习过程中遇到的问题，通过与学生的

交流和互动来共同解决问题。作为老师，应体现自身在心理健康教育中的主导作用，通过对学生的引导和激励来促使学生形成自主学习的意识和能力。

3. "互联网+" 教学模式，有效延伸了课堂教学

线上教学模式可以让学生及时地向老师提问，并为学生间的讨论和互动提供新的平台。不仅如此，老师也能借助线上平台来实时关注学生的学习进度和学习情况，从而对学生的学习成效作出评价，帮助学生发现存在的问题，并在老师的指导和帮助下找出解决问题的方法。线上教学有助于培养学生的自主学习能力，是促进学生进步和发展的有效途径。①

（二）线上教学的要求

1. 提升老师应用信息化技术的能力，为线上教学提供保障

作为老师，应通过学习来熟练掌握利用网络优质资源的方法和技巧，基于网络平台来组织学生积极参与一系列的教学活动，向学生推送学习任务，密切关注学生的学习情况，提醒学生在规定的时间内保质保量地完成作业。②

2. 老师设置的教学内容要能激发学生学习的兴趣

老师应根据实际情况和学生的需求来对心理健康教育的教学内容进行优化设计，遵循与时俱进、实事求是的基本原则，通过一系列的手段和方法来激发大学生对心理健康教育教学的兴趣，从而高效地完成教学目标。作为老师，需依据学生的日常生活来挖掘、整理丰富的教学素材，为学生提供专业的心理健康教育服务，促使学生在学习的过程中塑造完整的人格和优秀的品质。③

三、线下教学模式探索

线上教学在传授知识方面发挥了重要的作用，能够帮助学生加深对心理健康教育知识的理解和认知，可以为老师的教学评价提供平台和载体；线下教学能够确保学生将所学的知识运用到现实生活中，进而利用这些知识来解决日常生活中面临的问题。活动引导式的教学模式是对传统教学模式的创新，更加适合当代大学生的身心健康发展特点，可以在全国高校的心理健康教育中推广应用。

---

① 张淼. 大学生心理健康教育线上线下双课堂教学模式的构建 [J]. 现代经济信息，2019（19）：455.

② 龚素璨，张祖品，岑俊静，等. 线上线下有机结合的"大学生心理健康教育"课程教学改革 [J]. 浙江理工大学学报（社会科学版），2019，42（4）：430-435.

③ 蔡彦婕. 大学生心理健康教育课程教学模式探究 [J]. 科学咨询，2021（1）：148.

（一）活动引导式教学模式

活动引导式教学模式强调突出学生在教学中的主体地位，而老师则扮演引导者和辅助者的角色。由老师根据教学目标和教学任务来为学生创设丰富的学习情景，让学生获得真实的情景体验，从而增加对知识的认识和理解，培养学生的学科素养。

活动引导式教学模式非常重视学生在学习中的主体地位，通过教学活动的精心设计和合理安排，提升学生的各项能力。学生在老师的引导下，积极参与一系列的教学活动，基于老师与学生、学生与学生之间的互动和交流来形成共识，进而实现知识的迁移和内化。[1]

活动引导式教学模式的内容和过程表现在以下六个方面。

1. 热身活动迅速暖场

首先，由老师组织学生参与课前的热身活动，起到暖场和导入情境的作用，有效地集中学生的注意力。

2. 创造仿真的情境

老师应根据教学目标和教学任务来为学生创设多元的教学情境，让学生获得真实的体验和感受。作为老师，应根据大学生的身心发展特点和学习情况来创设问题情境，问题情境既要贴合学生的实际情况，也要与既定的教学目标保持统一。和谐的师生关系有助于培养学生的学科素养和关键能力。

3. 体验与探究

在创设真实的教学情境后，由老师组织学生参与一系列的教学活动，以这种方式来引导学生获得积极的情感和情绪体验。作为老师，需认识到学生在教学和学习中的主体地位，密切关注学生的心理变化，激发学生对学习的兴趣和热情，进而培养学生的自主学习能力和合作探究能力，确保学生能够自主完成知识建构，真正实现教学的知情合一。[2]

4. 认同与接纳

就大学生而言，应具备一定的认同与接纳能力。根据笔者的实践工作经验，当代大学生受到各种因素的综合影响，他们对自我的认同和接纳程度长期保持

---

[1] 黄影平，胡兴，居超．"汽车电子与仿真测试"课程中活动引导式教学方法的应用与实践［J］．上海理工大学学报（社会科学版），2018（12）：364-365.

[2] 徐颖．SPOC+体验式混合教学模式在大学生心理健康教育课程的运用［J］．国际公关，2020（12）：116.

在较低水平。特别是对于高职学生来讲，他们经常会被冠以"差生"的称谓，会不自觉地怀疑自己的能力和素养，甚至出现不接纳自己的严重情况。

5. 反思与提升

学生在参与活动的过程中，可以在老师的引导下反思存在的问题，通过对问题的分析和思考来找出解决问题的方法，从而在学习实践中不断地完善自我。学生在反思自我的过程中，应该积极地与同学分享个人的心得体会，汲取他人的先进经验，弥补自身的缺陷和不足，从而获得解决问题的能力。

6. 内化与应用

内化与应用在某种意义上被认为是教学目标达成的落脚点。作为老师，应尝试把活动引导式教学模式应用在大学生的心理健康教育中，通过对学生的教学引导来促进学生的知识内化，为学生提供知识应用的平台和机会。[1] 知识内化是影响学生运用所学知识和技能来解决现实问题的先决条件，也是指导学生健康生活的理论依据。

活动引导式教学模式在大学生心理健康教育中的运用，能够有效消除线上教学模式长期以来存在的缺陷，突出学生在教学中的主体地位，帮助学生获得解决问题的能力，为学生的心理健康发展奠定基础。

（二）活动引导式教学模式对老师的要求

与传统教学模式相比，活动引导式教学模式对老师提出了新的要求。

1. 老师对学生要有爱心，师生间要有良好的互动关系

作为老师，应时刻关心学生的成长和发展，要和学生建立和谐的人际关系。老师应鼓励学生共同参与教学情境的创设，增进与学生之间的互动和交流，与学生建立深厚的情感。

2. 老师最好有团体辅导的经验和应变能力

活动引导式教学模式的教学方法多种多样，对老师的教学经验和能力提出了较高的要求。这种教学模式适用于团体教学，能够通过教学来获得理想的效果。团体活动的教学情景创设往往更加贴近学生的日常生活，会让学生在学习的过

---

[1] 王艺霏."教—学—做"模式在大学生心理健康教育中的实践探究 [J]. 北京印刷学院学报，2020，28（12）：149-152.

程中产生一定的亲切感，从而端正自己的学习态度，规范自身的学习行为。[①]学生在参与活动引导式的教学活动过程中，不可避免地会代入自己的真情实感，从而发生一些难以预料的情况。如此一来，作为老师就必须具备较强的应变能力，能够在出现意外时做到及时控场。

3. 老师要提前向学生交代课程设置

活动引导式教学模式对具体的教学活动有着强烈的依赖性。作为老师，应提前告知学生接下来的课程内容和教学过程，让学生在特定的情景中获得真实的情感和情绪体验。如此一来，学生就会在老师的引导下发现自己存在的问题，从而对问题的原因进行分析，寻求解决问题的方法。课堂教学中创设的情景或学生的情绪体验仅在本堂课中讨论，不能在其他环境和场合中传播议论。

（三）活动引导式教学模式的优势

与传统授课方式相比，活动引导式教学模式有着诸多优势。

1. 更易激发学生的学习兴趣和热情

活动引导式教学模式的活动形式和内容更加丰富，摒弃了以往的枯燥讲解模式，通过创设多元的教学情景来引导学生置身其中，使其获得不同的真实感受和情绪体验，进而激发学生对学习的主动性和积极性，促进学生的个性发展和全面发展。

2. 学生更加具有安全感和归属感

学生在老师的组织和安排下参与活动引导式教学活动，在这里他们会放下心理防御，敞开心扉，自愿表达和表现自我，与小组内的其他成员进行交流和互动，共同寻找解决问题的方法，并在这个过程中获得满足感和愉悦感。[②]

3. 有利于构建和谐的人际关系

活动引导式教学模式非常注重体现学生在教学中的主体地位，此时的老师则扮演引导者和辅助者的角色。作为老师，应注重与学生建立良好的人际关系，深入了解学生的心理和情绪变化，并为其提供有效的心理指导，增进老师和学生之间的关系，进而有效地增强教学效果。

[①]、[②] 詹姆斯·P·特罗泽. 咨询师与团体理论、培训与实践 [M]. 邵瑾，冯愉涵，周子涵，等译. 北京：机械工业出版社，2017：22-24.

大学生心理健康教育是一门复杂的综合性教学课程。就大学生而言，应将自身掌握的心理学知识运用在生活和学习中，为自身的成长和发展提供理论指导，从中树立自信心，塑造健全的人格和良好的品质，为自身的全面发展做好充分的准备。线上与线下相结合的教学模式，有助于培养学生的感受能力和体验能力，可以加深学生对心理学学科知识的认识和理解，让学生形成运用理论知识来解决现实问题的能力，进而高效达成心理健康教育的教学目标，促进学生的身心健康发展。

第二节 大学生心理健康教育翻转课堂教学模式

目前，国内的一些高等院校大多开发和设置了大学生心理健康教育课程，为心理健康知识的宣传和推广提供了有利的外部环境条件，为大学生的心理健康发展奠定了扎实的基础。不过，实际情况发现，心理健康教育课程的开发与应用不可避免地受到了其他因素的综合影响，导致无法获得理想的成效，从长远来看，不利于大学生的身心健康发展。老师需对影响大学生心理健康教育活动效果的因素进行分析，找出根源，并提出针对性的改进策略和优化措施，切实发挥大学生心理健康教育课程的作用和功能。笔者基于以上问题，设计了适合大学生心理健康教育发展的优化策略翻转课堂模式。

一、翻转课堂模式在大学生心理健康教育课程中的关键意义

（一）有益于大学生冲破学习的时间、空间局限

一般来说，国内高等院校会根据学生的学情分析结果和教学大纲来设计心理健康教育课程的学时，通常设置为24学时。在新课改持续推进的过程中，一些教育工作者提出了翻转课堂的教学模式，要求老师利用先进的计算机信息技术为日常教学活动提供辅助，让大学生在课前有预见性地学习视频资料，从而提出关注的或不懂的问题，以此激发学生的好奇心和求知欲。然后，在课堂上向老师提问，并在课后对相关知识和内容进行复习和巩固，起到加深印象和理解的作用。同时，学生还能利用学习平台与其他学生进行讨论和互动，分享各自的学习心得和体会，实现共同进步。这一教学模式有助于培养学生的健全人格和良好品质，是促进大学生全面发展的有效途径，也是适合当代大学生心理

健康教育的教学策略。

（二）有益于提升大学生对课程活动的参与兴致

翻转课堂模式引入了一些先进的教学技术和理念，非常契合当代大学生的思维方式和学习习惯。学生可以根据自身的实际情况自主选择课程内容，从而提高学习效率。翻转课堂模式与大学生心理健康教育课程实践的结合，要求学生在课前做好准备，为后续的知识探究和学习思考奠定基础。作为教师，应根据课堂授课情况适当调整和优化课程内容，确保大学生能够从中获得丰富的知识，为后续的知识迁移和知识内化创造条件。

（三）有益于强化大学生的课程体验

就当前而言，大学生心理健康课程的开发与设计，主要围绕学生的体验和感悟为中心，促使大学生在学习的过程中发现问题，规范自身的言行习惯，实现心理健康发展。翻转课堂模式与心理健康教育课堂实践的结合，有助于拓宽大学生的思考范围和视野，增强大学生在教学情境中的情感体验，给大学生未来的成长和发展带来积极的影响。

二、基于慕课的翻转课堂教学模式的教学模型设计

（一）关注学生心理成长

心理学这门学科具有显著的实用性，高等院校的心理健康教育课程的专业性并不显著，是根据当前青年大学生的心理与认知情况推行的通识类课程之一，所以大学生心理健康教育课程并非专业性的心理学理论内容，主要帮助大学生了解心理健康相关内容。因此在设置主题内容时，应围绕高校学生当前的实际情况，根据他们学习中存在的问题来展开，如情绪管理、自我意识及人际交往等。从这里可以看到，在实施大学生心理健康教育时，教学内容及方式都需将促进大学生心理健康发展作为核心。

（二）关注教、学双方的心理预期

教师自身的心理预期同样不容忽视。在基于慕课的翻转课堂教学模式中，教师需要重新审视自己的角色与职责，从传统的知识传授者转变为学生学习的引导者、组织者与促进者。这意味着教师需要根据教学模式的特点以及学生的心理情况，重新规划课程内容，进行教学设计。这种新的教学设计需要充分考

虑学生的自主学习能力、课堂参与度以及学习效果的评估方式等多个方面。

例如，在课程内容规划方面，教师不能简单地将传统课堂的教学内容直接搬到慕课平台上，而应根据学生的实际需求与学习特点，对教学内容进行重新整合与优化，使其更适合在线学习与翻转课堂的教学模式。在教学设计方面，教师需要设计丰富的课堂互动环节，如小组讨论、角色扮演、案例分析等，以激发学生的学习兴趣与参与热情，同时还要设计合理的课后作业与实践活动，帮助学生巩固所学知识并将其应用于实际情境中。

（三）构建"一条主线+两预期+三过程"教学模型

构建"一条主线+两预期+三过程"的教学模型，即"123"模型，能够更好地实现基于慕课的翻转课堂教学目标，提升教学效果。

第一，以促进大学生健康发展为主线。在教学过程中，无论是课程内容的选择、教学方法的运用，还是教学活动的设计，都应围绕这一主线展开。

第二，分析师生双方的心理预期。对于学生而言，教师应通过问卷调查、课堂反馈、在线交流等方式，及时了解学生对课程内容、教学方法、学习效果等方面的心理预期与实际感受，以便及时调整教学策略，更好地满足学生的学习需求。对于教师自身而言，也需要对自己的心理预期进行反思与调整。教师应认识到，在基于慕课的翻转课堂教学模式下，教学效果的提升需要一定的时间与过程，不能期望一蹴而就。同时，教师还需要不断学习与更新自己的教学理念与方法，以适应新的教学模式与学生的需求。

第三，优化三个教学过程。①教师针对课前自主学习环节需要精心设计慕课视频与在线学习资源，为学生提供丰富、多样且具有针对性的学习内容。②教师在针对课堂互动学习环节应充分发挥引导者与组织者的作用，通过设计多样化的互动学习活动，促进学生之间的交流与合作，激发学生的学习积极性与主动性。③教师在课后巩固拓展环节应通过设计合理的课后作业与实践活动，帮助学生巩固所学知识，并将其应用于实际情境中，进一步提升学生的心理素质与能力。

三、教学方案设计

（一）课前教学材料准备与学习任务发布

在正式上课之前，授课教师围绕教学日历等，准备好教学材料，比如自学效果检测卷、线上学习材料及交流探讨主题等学习资源。每个学生对课堂都有相应的心理期待，在上课之前让学生自主学习，对学生明确课堂的期待点非常有利，能激发其对课堂学习的兴趣，这与建构主义学生观相符，换言之，学生是带着自己的期待进入课堂的。所以，课前准备不仅包含心理方面的准备，还包含内容方面的准备。

（二）课堂教学活动

授课教师通过布置预习作业，围绕重难点向学生提问，学生与学生之间、学生与老师之间交流，进行教学反馈。学生依照课前预习选择相应的话题讨论，这些话题包含学生的研究点、兴趣点等，以及授课教师根据课程内容设置的一些话题，师生进行质疑，参与交流的学生与其小组成员都可以参与答题。然后，授课教师总结，实施发展性评价，引导各个小组进行互评，再向学生布置作业，从而调动他们的学习积极性，并充分拓展教学空间，以优化教学成效。

（三）跟踪指导

学生依照自身的学习现状，可以进行自主探索、适时回顾等，比如，通过网络平台中的群聊，展开交流探讨，提出自己的观点与想法。授课教师可以在其他时间，通过手机客户端查看学生的学习情况，检查作业，同时利用学习平台向学生反馈，从而为学生学习提供良好条件。并且，教师可以通过课外辅导小组的形式，调动学生学习的积极性。

当前，需致力于借助信息技术，化解我国高等教育传统教学中存在的问题，逐步提升教学质量。在网络时代使用翻转课堂就是一个重要途径，本研究在慕课背景下分析翻转课堂发展情况，构建新的教学设计模型，即"321"模型，有利于为充分提升教学质量、全面利用教学时间奠定良好基础。

第三节 大学生心理健康教育沉浸式混合教学模式

一、沉浸式混合教学理念

充分融合面对面教学与在线学习的特定教学，就是混合式教学，这是一种线下和线上相融合的教学方式。该教学方式将焦点对准教学技术，在恰当的时间进行教学，以期让效果更佳，这与美国著名心理学家布鲁姆（Bloom）的教育目标分类理念相匹配。美国心理学家米哈里·契克森米哈赖（Mihaly Csikszentmihalyi）于1975年提出了沉浸理论。该理论认为，当大家沉浸在特定活动中时，不会注意到其他影响，这样有助于取得满意的效果。通过该理论，对学生的内在状态进行探讨，对合理设置学习情境有积极作用，借助移动智能学习端，再次设置教学内容，引导学生发现问题，然后进行审视与分析，最后付诸实践，通过学习新知识，展开由实践到感知直至深入灵魂的学习，使学习者体会到学习的愉悦感与成就感。

沉浸式混合教学模式主要借助线上模拟、互动练习、微课程及互联网等，通过实践探索及自主化学习等，开展教学工作。沉浸式混合教学模式有助于调整教学流程，让学生的学习与老师的教学更加协调、高效。

二、构建沉浸式混合教学模式

积极改进课程体系，构建"1+1"教师队伍，学校可在心理学领域配备若干名专职教师，他们的主要职责是开展心理健康教育、进行心理咨询。在此过程中，积极改进教学模式，推动教学工作有序展开；充分利用相关资源，构建规范的教学团队。此外，通过"学习通"设置"和美心理"网络平台。在这个过程中，一人的职责是进行教学与辅导工作，另一人负责收集相关信息、制作VCR并上传、构建网络资源等，这就是"1+1"教学团队工作模式。通过网络平台的帮助，团队可以互换角色，及时处理课堂中出现的问题。"和美心理"网络平台就是教师借助"学习通"，将相关信息，如一些短剧、心理电影等上传到教学平台，学习者可以根据自身所需有选择地查看，同时，还可以通过线上分组、发放问卷等形式，与他人进行在线交流、互动。

要根据大学生的年龄与心理特点等，划分课程体系。课程体系主要包含大学生适应能力、大学生学习能力、人际交往和人格塑造、爱情和性心理、情绪管理和压力应对、生命教育与心理危机应对六个模块，表10-1显示了不同模块的平台资源以及学习目标。

表 10-1　大学生心理健康教育课程体系

模块	平台资源	学习目标
大学生适应能力	讲座、心理电影	熟悉心理健康的标准；掌握心理健康对大学生的意义；了解一些常见心理问题的特征和类型；提升自我认识
大学生学习能力	案例分享、心理剧	了解情绪与学习的关系；熟悉大学生的几种学习方法；熟悉人际交往中情绪处理的三种方式
人际交往和人格塑造	讲座、心理剧、心理电影	了解人际吸引因素；了解同感效应
爱情和性心理	讲座、心理电影	了解爱情的定义、要素、成分；学习各种爱的能力，树立正确爱情观；了解科学的性知识
情绪管理和压力应对	案例分享、讲座、心理电影	了解情绪、压力的类型和表现；学会管理自己的情绪；学会压力的释放和转化
生命教育与心理危机应对	讲座、心理电影	了解自己的价值观，规划正确的人生目标；懂得生命的意义；学会识别并积极干预心理危机

学校可引入混合教学模式，广泛推行心理健康教育课，根据各个年级的课程内容、学生现状等，构建符合学生要求的混合教学模式，以求适用于每个专业的学生。推行该教学方式的重要支撑，即线上资源的相关案例及讲座要体现相应的合理性，根据学生的现状与具体要求，围绕各个专业与年级来设置，努力实现"亲""近"与"新"。其中，"亲"指的是教师充分掌握教学内容，有深切的感受；"近"指的是内容需贴近学生的生活；"新"指的是新启发、新案例及新感知方式。比如，刚进入大学的学生，可能因适应能力等方面的因素，出现分化现象。一部分学生还在使用以前的学习方式，这种学习理念与方法可能不适用于大学。这时新生的适应能力、心理承受力是非常关键的，所以，借助放映心理电影、专题讲座等方式，合理引导这些学生进行自我管理，从而有利于其快速适应大学生活。

师生交流的重要一环，就是情境设计。授课教师应创设有效的情境，组织相应活动，了解学生的体验。可以让学生自由组合，以小组为单位参与活动。这对转换课本知识很有帮助，在这样的情境中，学生不仅能够掌握新知识，还有助于培养其转化知识的能力、合作能力等，激发其主观能动性。与此同时，学生的精神都集中在教学活动中，深入陶醉其中，从而有利于提升学习效率，让学习过程更加有趣、学习效果更加直观。

第四节 大学生心理健康教育主体性教学模式

由于教学改革的持续推进，以前推行的大学生心理健康教育已不能满足时代发展的要求，特别是在学生个性差异越来越明显的形势下，根据现阶段高校学生的特点，不断地优化教学理念，对教学方式进行深度发掘，这是推动大学生全面发展的一个有效措施。近几年来，高等教育教学呈现的一个显著发展态势，就是主体性教学模式的应用，这是教育领域深入研究的课题之一。主体性教学模式强调学习的自主性，突出教学管理的变通性，倾向于提升学习者的实践能力、创新能力。进行主体性教学，致力于激发学习者的潜能发挥，将人才培养成有创造能力、自主性突出的主体。推行主体性教学模式，其根本目标是构建新的育人理念及教学思想，从而为凸显心理健康教育的优势与价值做好铺垫，而不是挖掘相应的教学方式。笔者围绕高校学生心理健康教育主体性教学模式的发展途径展开如下研究。

一、大学生心理健康教育主体性教学模式的内涵与特点

（一）主体性教学模式的内涵

高校教师合理引导教学，充分激发学生参与课堂活动的热情，让他们能够快速沉浸到心理健康教育教学模式中，这就是主体性教学模式，其具有以下深刻的意义。

第一，强化了学生的主体性。现阶段，学生的重要特征，就是主体性，这一主体性要求课程内容丰富多彩，学习环境宽松，教师积极拓展教学方式，从而全方位地体现受教育者的主体地位。

第二，自主学习，这是主体性教学模式的内核。此模式的特质和教学目标使其主要形式是自主学习。

第三，该教学模式的教学理念，就是以人为本。主体性教学模式的发展目标，是培养学习者的主体精神，提升其创新能力。构建良好的教学环境，便于塑造学生的人格，全面凸显该教学模式的功效。高校主体性教学模式的一个重要基础就是尊重学生的需求，凸显学生积极参与的主体性及老师的主导性作用，同时，还有利于挖掘学生的创造潜力。所以，实施大学生心理健康教育能够展

现学习者的主体性，密切关注学生的发展现状及心理特点，灵活使用各种方式设计与推行心理健康教学活动，促使学生积极调整心态；设置有效的教学目标，帮助高校学生提升心理健康水平。

（二）大学生心理健康教育主体性教学模式的特点

在推行大学生心理健康的同时，将心理健康教学作为载体，授课老师有目的、有意识地引导学生展现主体性作用，这就是大学生心理健康教育主体性教学模式。换句话说，就是引导学生合理选择心理健康教育课程内容，制定有效的教学方案，使用有效的教学模式，提升学习者解决实际问题的能力、自主学习的能力等，帮助他们深入研究相关理论与知识内容，从而在教育教学过程中构建主体性的、有效的教学模式。在这个过程中，对人的主体性进行培养，让心理健康教育各个主体实现自己的理想、目标，就是大学生心理健康教育主体性教学模式的实施目标。该模式的特征集中体现在以下层面。

1. 教学内容由学生自主选择

让学生参与教学内容的筛选与设置工作，依照他们对相关知识的期待、心理发展现状选择教学内容。与此同时，授课教师围绕教学内容，设置教学范围，压缩学生选择的范围。此外，将学生期待的一些话题、有趣的教学内容渗透在课程教学中，有利于增强教学的实效性，让心理健康教育环境更生动、更直观。

2. 教学方案由学生自主设计

在设计教学方案上，学生通过自身的力量等，提供教学方案及准备合适的材料，如准备情景剧、教学案例与视频等。同时，授课教师要正确引导学生，鼓励其收集一些教学信息，提升其思维能力，让学生通过不同的视角审视、探讨问题，发现问题及时帮助他们应对。通过受教育者的思考、设计教案，表现其创新能力，同时融合教育者的理性思维，为教学的高效顺利推进奠定基础。学生自主设计教案能充分体现课程内容的针对性，让教学方案满足学习者的实际需求。

3. 教学由学生主导

在教学过程中，教师需了解大学生的心理情况，调动其参与课堂的兴趣，发挥其主观能动性，由此创建宽松、和谐的人际环境，营造良好的教学氛围，使学生在学习相关理论知识的过程中，还能够培养其主体能力，从而为挖掘自身潜力创造良好契机。

二、主体性教学模式在大学生心理健康教育中的实践优势

高校心理健康教育的主体性，凸显了学习者的重要地位，重视学生的主体地位，这样才能获得良好的教学效果。主体性教学模式强调学习者参与课堂活动，生生之间、师生之间建立良好的关系，让课堂互动更顺利。其中教学活动的主体是受教育者，应及时改变他们的理念，将其由被动学习转向积极自主学习，鼓励学生深入探讨问题，掌握更多的学习方法；教师是推行教学的主体，应展现引导性作用，由以往的主动讲解教材内容向学习的引导者转变，从而让学生学会独立思考，具有自主学习的能力与习惯。

（一）充分发挥学生主动参与教学的作用

大学生心理健康教育教学比较重视受教育者的参与性，十分关注课程内容，要受教育者展现自己的能动性，主动参与教学活动。从受教育者角度来看，积极参与代表自主学习与积极掌握心理健康相关理论知识，能让受教育者快速地完成学习任务。现阶段，受教育者的心理健康问题是大家比较关心的问题，诚然，受教育者是学习的主体，其通过实践与不断学习获得新知识；在课堂上，老师应鼓励学生主动参与相关活动，这对提升其思维能力有良好帮助。这样的沟通交流，有助于展现老师的重要作用。

（二）强化师生合作学习的教学效果

大学生心理健康教育是教育双方通过多种角度进行的一种沟通互动，要求在课堂上应用有效的互动方式，以实现学生掌握心理知识的目标。此类学习掌握知识的关系，既涉及言语的交流，还涉及情感、知识、思想等的沟通。教学目标的达成，需要学生密切关注老师的教学，时刻跟上教师的思维，师生要进行频繁的交流，这集中表现了师生的合作精神。

在高校心理健康教育教学层面，主体性教学模式的应用有助于提升学生与教师之间的联系，让两者进行深层次协作。此外，主体性教学模式是让双方了解各自的优势，并认可对方的优点。所以，推行该主体性教学模式的教师，需创造有利于双方互动的环境，群策群力，从而让师生合作有序、高效地展开，构建融洽的关系。

（三）营造全面开放的教学环境

以往的心理健康教育教学环境大多为教材与多媒体，运用了以教师讲解为

主、学生被动学习的方式。主动性教学模式有效地弥补了传统方式的不足，以学生为主体，强调各个环节都要让他们参与。根据心理健康教育相关问题，引导学生自行设计课程内容，积极改变其观念，对教学范围进行合理拓展，而不是将注意力都放在标准答案上；应用一些可行的教学理念，借助室内外等形式，积极扩展、优化教学空间，营造和谐、良好的教学氛围，从而对该教学模式的优势与功能进行展示。

三、大学生心理健康教育主体性教学模式的实施策略

（一）充分发挥教师的主导作用

主体性教学模式强调，教育者与受教育者这两个主体不能分离，教育者的主导作用至关重要，受教育者的主体性需借助该作用进行展现。

教师要根据大学生心理健康教育的相关问题，对学生进行合理指引。首先，在开展教学之前提供正确的引导，在制定教学内容上，鼓励学生积极参与，引导他们全面探究教案，这是推行主体性教学模式的前提与基础。其次，在课程教学中提供良好的引导，在教学过程中，需重视学生的主体地位。最后，教师应明确学生的参与程度、教学内容和课堂氛围等是不是与主题等相匹配，努力做好及时引导、补救等工作。

（二）形成民主平等的师生关系

师生在该教学模式中是非常关键的两个主体。在实施主体性教学模式时，一个极易出现的问题是：学生的主体性太过明显，或者教师具有非常显著的主导性，这样会导致两者关系不和谐。所以，建立良好的师生关系，是推行主体性教学模式的首要前提。让学生与教师之间实现真正的平等，具体来看，要做到以下三点：第一，要为学生留足时间，在上课时，要为学生交流、分析问题创造良好条件，引导他们深入思考问题，确保学生在课堂上获得良好的学习效果；第二，为学生创造思维空间，在教学内容上，学生应大胆地提出自己的看法，构建有利于自学的环境；第三，授课教师应合理应用有效的教学模式，这样有助于学生了解适合自己的学习方法。

（三）采用适当、科学的教学辅助方法

主体性教学模式不仅包含不同主体的情感表达，还包含信息传递的过程。在应用该模式时，应考虑学生的情感体验，合理运用教学辅助法。具体来说，

主要包含以下教学辅助方式。

1. 情境感染法

具有独特动力的情境感染，有利于调动学习者的学习积极性，使其产生强烈的求知欲，从而形成自主学习的行为。

2. 活动竞争法

在实施教学时，合理组织相关活动，让学生在参与这些活动竞争的过程中，积累更多经验，增强理解力，不断地改进自己的学习理念。

（四）全面培养学生的主体性意识

高校心理健康教育主体性教学模式将学生当作主体，侧重于教学方式的构建和学生良好习惯的培养。在提升学生主体性时，要将以下方面作为立足点。

1. 给予学生足够的发展空间

一般而言，因为教师的经验与思维方式与学生具有差异，所以，在引导学生时，可能会以教师的要求为主，让所有的学生都按照教师的要求来学习。其实，教师可以适当地鼓励学生，为其创造良好条件，让他们能够充分表现自己。

2. 鼓励学生积极表达自己的真实想法

在进行心理健康教育教学的过程中，教师需引导学生说出自己的想法，大胆发言，提升其发现问题与解决问题的能力，由此推动其心理健康发展。

（五）开展大学生心理健康的针对性教育

高校在实施心理健康教育主体性教学模式的同时，需重视教学的差异性，针对学生的知识积累情况、兴趣爱好等进行教学。第一，在进行心理健康教育时，需重视教学内容的适用性。因为学生在个性等方面具有差异，所以，教学方式也应存在一定差异。推行主体性教学模式的主要目标，是让高校学生的心理更健康，在学生遇到心理层面的问题时，为其提供有效的指引，所以要重视其适用性。第二，在实施主体性教学模式时，需以人为本，根据学生个体的真实情况来展开。

在高校心理健康教育中，主体性教学模式的作用主要包括协作性、主体性与实践性。现阶段，心理健康教育的外部环境、内部环境发生了显著改变，为了跟上时代的步伐，保障高校心理健康教育稳步、有序地开展，需积极改进主体教学模式的进程。此外，高校需依照主体性教学模式的演变态势，与学生的个性、优势有机融合，不断地改进教学理念、创新教学方式，从而更好地实现教育目标。

第五节　大学生心理健康教育慕课教学模式

一、慕课的概念

"慕课"是从英文Massive Open Online Course音译而来的，缩写为MOOC。翻译成汉语，意思是较大规模的开放式线上课程。其中，Massive的意思是大规模，既表示课程资源数量多，又意味着学习该课程的人很多；Open是开放的意思，学生在任何时间都可以享用慕课上的全部教学资源及学习空间；Online，即在线，指的是在网络的基础上，课程逐渐形成；Course的意思是课程，就是指系统的教和学的过程。

慕课，包括狭义、广义两个层面的意义。从广义层面来看，慕课既涉及视频课程，还涉及课程在线平台。这些平台依靠大数据、先进技术和信息化助力，围绕特定的课程，师生构建密切关联，由此形成特定的教学模式。在线上平台，课程包括微视频、教师基本信息与教学大纲，还涉及闯关检测、在线考试和进阶测试等。狭义层面的慕课，指的就是微视频。这些视频的长度最长10分钟，最短5分钟，涉及闯关式检测。学生只有顺利通过这些测试，才能观看后续的视频。

二、大学生心理健康教育慕课教学模式的建设路径

在当前的教育背景下，大学生的学习诉求与价值理念发展得更加多样，这使传统的教学理念、教学评价等的不足越来越明显。这就要求高校借助慕课等技术，积极调整教学策略与教学模式，以顺应大学生的具体要求。

（一）努力融合慕课教学资源

心理健康教学内容，是高校心理健康教育课的关键环节之一，若这些内容符合学生的现状与学习理念，就有助于增强教学的实效性。如果教学内容比较单调、乏味，将不利于学生学习。心理健康教育课需基于优化传统教学内容，科学设置慕课教学资源，并充分利用这些优质资源，以应对教学模式层面的缺陷。所以，高校教师需深入发掘有效的教学模式，不仅要关注学生的学习需求，还需兼顾教师的主导性作用。在课外，学生要重视问题积累及微视频学习；在课内，

教师倾向于处理问题、归纳课程内容，对慕课教学资源进行整合，从而为教学的顺利开展夯筑良好基础。

1. 教育与网络相结合的教学理念

在大学生心理健康教育中，引入慕课教学模式，首先需要树立教育与网络相结合的教学理念。这种理念强调利用互联网技术的优势，打破传统课堂教学的时空限制，将优质的教学资源通过网络平台传递给学生。学生通过这种方式可以根据自己的时间和学习进度，自主选择学习内容，提高学习的主动性和积极性。例如，学生可以在课余时间通过慕课平台观看心理健康教育课程视频，提前了解课程内容，为课堂讨论做好准备。

2. 引入新的慕课技术与工具

随着信息技术的不断发展，新的慕课技术和工具不断涌现，为心理健康教育提供了更多的可能性。例如，虚拟现实（VR）技术可以为学生创造沉浸式的学习体验，帮助学生更好地理解和应对心理问题。通过VR技术，学生可以身临其境地体验各种心理情境，如社交焦虑场景、压力应对场景等，在虚拟环境中进行模拟训练，提高应对能力。

（二）主动探索慕课教学模式

混合式慕课教学模式需要将线上线下教学融为一体。

1. 线上教学环节

线上教学环节主要包括课程视频学习、在线讨论、进阶式测试等。学生可以在在线讨论区发表自己的观点和看法，与其他同学进行交流和讨论。教师可以通过在线讨论区及时了解学生的学习情况，回答学生的问题；还可以设置进阶式测试，帮助学生巩固所学知识并检验学习效果。

2. 线下教学环节

线下教学环节主要包括课堂讨论、实践操作、小组活动等。教师可以根据线上学习的情况，组织学生进行课堂讨论，引导学生深入思考和总结。例如，可以针对某个心理健康主题，组织学生进行小组讨论，分享各自的观点和经验，通过思想碰撞加深对知识的理解和掌握。此外，还可以设计一些实践操作活动，如角色扮演、情景模拟等，帮助学生将所学的心理健康知识应用到实际情境中，增强学生的心理素质，提高应对能力。

3. 线上线下融合

线上线下教学环节的融合是混合式教学模式的关键。教师应通过合理设计教学活动，将线上学习与线下教学有机结合起来，形成完整的教学闭环。例如，教师可以在课前通过慕课平台发布学习任务和讨论主题，学生在课前完成线上学习和讨论，课堂上教师根据学生的线上学习情况，组织学生进行深入讨论和实践操作，课后学生可以通过慕课平台进行复习和拓展学习。通过这种线上线下融合的教学模式，可以充分发挥线上教学的便捷性和线下教学的互动性，提升教学效果和质量。

（三）加强建设慕课教师队伍

慕课建设需要教学系统的助力，应全方位体现协同性。同时，要彰显授课教师的主体意识。

第一，授课教师需积极转变教学理念，与时俱进，了解更多先进的教育理念。制定课程内容时，应关注内容的实用性和可行性，让优质的慕课资源和高校学生的诉求融为一体，制定符合学生学习现状的、多样化的课程教学内容。在教学方式上，要兼顾趣味性与有效性，将合理的教学方式和有趣的心理测验等有机融合，以构建以学生为本的教学理念。

第二，增强对学生的认知。教师要重视学生的主体性，了解他们的接受模式与学习特点等，从而为提升其学习质量创造有利契机。

第三，积极提升综合素养。首先，授课教师应不断地改进知识结构。由于心理健康教育要体现一定的理论性，所以，教师要积累一些专业的理论知识。其次，作为教育者，教师的信息素养应及时提升，不断地提高选择课程有效信息的能力。最后，在这些素养的助力下，通过多媒体技术展开教学设计，可以为慕课教师团队建设提供助益。

同时，在以学生为核心的基础上，不断地提升教师在教学中的主导作用，保障慕课教学质量不断优化。

（四）积极构建慕课评价体系

心理健康教育课慕课教学模式，强调通过双主体积极参与的方式，进行教学评价，主要涉及同伴互评、师师之间、师生之间，以及线上平台检测评价等方式。

慕课纳入了慕课教学模式及传统的教学方法，围绕当前学生的心理特点等，展开教学工作，顺应了时代的发展，满足了学习者的实际需要，教学效果良好。高校积极构建慕课评价体系，能够正向作用于教学成效，并且对心理健康教育课程的教学绩效提升也有一定的帮助。同时，能够全面展现各种教学资源的价值与作用，有助于促进学生健康发展，可以为教师的发展提供可靠助力。心理健康教学模式的创新需根据时代的发展形势，应用慕课教学模式与教学理念，不断地改进传统检测以成绩衡量教学实效的考核方式。在推行心理健康教育教学评价时，需展现教学重点，扩大辐射范围，指引学生把相关知识内容转换成应对具体问题的行为，以利于提升学生的心理素质，增强其心理承受能力，帮助其应对各种难题。此外，笔者还对慕课评价体系进行了细分：第一，观察并分析评价主体的日常行为与习惯，鼓励教师与学生积极参与考核，进而满足教学工作相关需求，全面发挥教学评价的优势。第二，及时关注评价反馈，发挥课程内容的教育性，体现心理健康相关知识的作用。还应积极反馈教学中遇到的各种问题。第三，组织各种实践活动，深入分析相关案例，关注学生使用所学知识的实际情况，了解学生当前的学习进度等，对他们的素质及实践能力进行合理评价。第四，在慕课基础上构建有效的考核平台，从而对教学效果进行客观、及时与全面的评价。

结　语

随着社会的快速发展，心理健康问题越来越受到人们的关注。大学生作为社会的重要组成部分，对其进行心理健康教育显得尤为重要。在积极心理学视域下，对大学生心理健康教育教学模式进行创新，具有重要的理论价值和现实意义。笔者认为，积极心理学视域下大学生心理健康教育教学模式的创新策略有以下四个方面。

（一）培养积极心理品质

在传统的大学生心理健康教育教学中，教师往往侧重于解决学生的心理问题，如焦虑、抑郁等。在积极心理学视域下，我们应该更加注重培养学生的积极心理品质，如自我效能、乐观、感恩等。这些积极心理品质不仅有助于提高学生的心理健康水平，还能帮助学生更好地应对生活中的挑战。因此，在新的教学模式中，我们应该将教学目标转变为培养积极心理品质，并将其贯穿于整个教学过程中。

（二）注重积极心理体验

在传统的大学生心理健康教育教学中，老师往往侧重于讲授心理健康理论知识，如心理健康的概念、标准等。在积极心理学视域下，我们应该更加注重引导学生体验积极的心理感受，如幸福感、满足感等。这些积极的心理体验能够帮助学生更好地认识自己、理解他人，从而更好地应对生活中的挑战。因此，在新的教学模式中，我们应该将教学内容转变为注重积极心理体验，并将其贯穿于整个教学过程中。

（三）采用积极心理学方法

在传统的大学生心理健康教育教学中，老师往往采用讲授法、问答法等传统教学方法。在积极心理学视域下，我们应该采用更加积极的心理学教育方法，如自我效能训练法、乐观训练法等。这些方法能够帮助学生更好地认识自己的优点和潜力，增强自信心和自我效能感，从而更好地应对生活中的挑战。因此，在新的教学模式下，我们应该将教学方法转变为积极心理学方法，并将其贯穿于整个教学过程中。

（四）关注学生积极心理变化

在传统的大学生心理健康教育教学中，老师往往关注学生的心理健康水平是否有所提高，而忽视了学生的积极心理变化。在积极心理学视域下，我们应该更加关注学生的积极心理变化，如自我效能的提高、乐观态度的形成等。这些积极的心理变化能够帮助学生更好地应对生活中的挑战，增强他们的心理素质和应对能力。在新的教学模式中，应该将教学评价转变为关注学生的积极心理变化，并将其作为教学评价的重要指标之一。

总之，在积极心理学视域下，对大学生心理健康教育教学模式进行创新具有重要的现实意义和理论价值。我们应该将教学目标转变为培养大学生积极心理品质；将教学内容转变为注重积极心理体验；将教学方法转变为采用积极心理学方法；将教学评价转变为关注大学生积极心理变化。通过这些创新措施的实施，可以更好地提升大学生的心理健康水平，促进他们的全面发展。

参考文献

[1] 徐亮,廖传景. 大学生心理健康教育课程教学效果的影响因素:基于扎根理论的探索[J]. 内蒙古财经大学学报,2024,22(1):67-71.

[2] 丁力. 融媒体背景下大学生心理健康影响及教育路径研究[J]. 新闻研究导刊,2024,15(2):95-97.

[3] 阮筠. 基于自我关怀视域的大学生心理健康教育实践教学研究[J]. 现代职业教育,2024(3):25-28.

[4] 陈凌峰. 新媒体时代大学生心理健康教育与疏导机制的构建路径探析[J]. 新闻研究导刊,2024,15(1):148-150.

[5] 郝晓玲. 加强心理健康教育课程建设,提升大学生心理健康素养[J]. 才智,2024(1):102-105.

[6] 卢立文. 积极心理学背景下大学生心理健康教育发展分析[J]. 知识窗(教师版),2023(12):6-8.

[7] 宋梦妮,毛悦梅. 社交媒体背景下大学生心理健康教育的困境与对策[J]. 知识文库,2023,39(24):107-110.

[8] 周颖. 基于家校合作的大学生心理健康教育困境及路径研究[J]. 佳木斯职业学院学报,2023,39(12):190-192.

[9] 冯小景,李贵仁,韩美超. 论"互联网+"环境下大学生心理健康教育[J]. 山西青年,2023(24):190-192.

[10] 于海波,陈艳玲,张俊杰. 慕课背景下大学生心理健康教育教学优化路径研究[J]. 河南教育(高教版),2023(12):90-92.

[11] 李倩会. "互联网+"背景下大学生心理健康教育工作探析[J]. 中国新通信,2023,25(24):116-118.

[12] 李婷. 基于"互联网+教育"视角下的大学生心理健康发展路径探析[J].

中国新通信，2023，25（24）：119-121.

[13] 刘娜．大学生心理健康教育存在的问题与实施路径探究［J］．山西青年，2023（23）：178-180.

[14] 张涵．基于心理健康教育的大学生自我管理与自我教育［J］．山西青年，2023（23）：196-198.

[15] 周娥．大学生心理健康教育研究热点及发展趋势［J］．平安校园，2023（12）：49-53.

[16] 刘哲，张雪娟，王兴伟，等．大学生心理危机预警与干预机制研究［J］．当代教研论丛，2023，9（12）：44-48.

[17] 胡庆芳．网络环境下高校大学生心理健康教育与危机干预模式探析［J］．武汉冶金管理干部学院学报，2023，33（4）：47-51.

[18] 侯晓博，夏权威，程晓皎．'微时代'混合教学模式在高校大学生心理健康课程中的运用［J］．大学（教学与教育），2023（12）：35-38.

[19] 孙克芝．新媒体环境下心理健康教育对大学生就业创业的影响［J］．湖北开放职业学院学报，2023，36（23）：6-7，10.

[20] 池程远．当代大学生心理健康教育中教育戏剧应用探析［J］．新余学院学报，2023，28（6）：105-110.

[21] 张慧．大学生心理健康教育的困境及出路［J］．中国电化教育，2023（12）：99-105.

[22] 徐润生．互联网背景下大学生心理教育存在的问题及对策研究［J］．才智，2023（34）：109-112.

[23] 高丽茹．服务学习：大学生心理健康教育课程的新模式探究［J］．黑龙江教育，2023（34）：26-28.

[24] 代超群．积极心理学视角下高校大学生心理健康教育创新策略研究［J］．中国多媒体与网络教学学报，2023（12）：57-60.

[25] 冉龙彪，陈义，杨满云．大数据视域下大学生心理健康教育实践研究［J］．学术与实践，2023（1）：106-111.

[26] 余谅．新时代高校大学生心理健康教育质量提升路径探究［J］．山西青年，2023（22）：196-198.

[27] 贾洁，郑孟曜．新媒体环境下大学生心理健康教育对策研究［J］．新闻研究导刊，2023，14（22）：187-189.

[28] 许琦．大学生心理问题的现状与应对策略［J］．大众文艺，2023（22）：157-159.

[29] 吕畅达．大学生心理健康教育与体育的融合［J］．西部素质教育，2023，9（22）：131-134.

[30] 岳松．新时代大学生心理健康教育家校协同联动机制研究［J］．人生与伴侣，2023（43）：18-20.

[31] 徐寒梅．新时代大学生心理健康工作的实施问题与对策［J］．淮南师范学院学报，2023，25（6）：132-136.

[32] 张正垠．积极心理学视角下高校大学生心理健康问题探究［J］．苏州科技大学学报（社会科学版），2023，40（6）：101-106.

[33] 陈志方．大学生心理健康教育课程思政建设路径探究［J］．产业与科技论坛，2023（22）：188-191.

[34] 韦松吟，农枝玲．立德树人视域下大学生心理健康教育课程思政建设路径研究［J］．产业与科技论坛，2023（22）：192-195.

[35] 刘昕．新时代大学生的自我关怀能力培养［J］．品位·经典，2023（21）：123-125.

[36] 杨佳茜．新媒体时代大学生心理健康教育课程改革与实践探究［J］．新闻研究导刊，2023，14（21）：179-181.

[37] 李若彬．心理学视角下的大学生诚信教育研究［J］．征信，2023（11）：66-70.

[38] 芮超．大学生心理问题早期发现和科学干预机制思考与研究［J］．知识文库，2023（20）：95-98.

[39] 刘聪，吴玲琴．大学生心理问题早期发现和科学干预机制［J］．百科知识，2023（30）：43-45.

[40] 陈思文．大学生学习心理健康教育的挫折心理及对策研究［J］．山西青年，2023（20）：184-186.

[41] 陈文娟．"大学生心理健康教育"课程线上线下混合式教学应用研究：基

于互联网短视频模式［J］.品位·经典，2023（20）：155-157.

[42] 易佳，黄莉，朱华.文化自信视域下大学生心理健康教育实践路径探索［J］.国家通用语言文字教学与研究，2023（10）：52-54.

[43] 朱守丽.大数据背景下大学生心理健康教育管理的对策［J］.科学咨询，2023（20）：51-53.

[44] 于晓亮.核心价值观引领下培养大学生心理健康的思考与实践［J］.广州广播电视大学学报，2023，23（5）：77-81，111.

[45] 张茜.高校大学生心理健康教育创新［J］.三角洲，2023（19）：141-143.

[46] 高洁.积极心理学视角下的高校大学生心理健康教育探究［J］.山西青年，2023（19）：193-195.

[47] 汪金哲.大学生心理健康教育管理体系建设探析［J］.教育教学论坛，2023（41）：177-180.

[48] 赵欢.互联网时代高校大学生心理健康教育研究［J］.科技风，2023（27）：17-19.